E'zoza BOZOROVA

O'ZBEK ADABIYOTI VA FOLKLORIGA OID NAZARIY QARASHLAR: TAHLIL, TASNIF, QIYOS

(O'quv qo'llanma)

© E'zoza Bozorova
O'zbek Adabiyoti va Folkloriga oid Nazariy Qarashlar: Tahlil, Tasnif, Qiyos
by: E'zoza Bozorova
Edition: November '2024
Publisher:
Taemeer Publications LLC (Michigan, USA / Hyderabad, India)

© **E'zoza Bozorova**

Book	:	**O'zbek Adabiyoti va Folkloriga oid Nazariy Qarashlar: Tahlil, Tasnif, Qiyos**
Author	:	E'zoza Bozorova
Publisher	:	Taemeer Publications
Year	:	'2024
Pages	:	132
Title Design	:	*Taemeer Web Design*

Ushbu kitobda tadqiqotchi E'zoza Bozorovaning o'zbek she'riyati, nasri hamda o'zbek dostonchilik san'atiga oid izlanishlari aks etgan ilmiy maqolalari jamlangan. Ushbu maqolalarning aksariyati respublika va xorijdagi bir qator nufuzli jurnallar, anjuman materiallarida e'lon qilingan bo'lib, bu to'plamga kiritilgan. Kitob oliy o'quv yurti talabalari, magistrlar va yosh tadqiqotchilar hamda keng kitobxonlar ommasiga mo'ljallangan.

QUTLIBEKA RAHIMBOYEVA SHE'RIYATINING MAVZU KO'LAMI

Annotatsiya. Mazkur maqolada shoira Qutlibeka Rahimboyeva ijodi "Yuragimda ko'rganlarim", "Uzun kunduzlar", "Uyg'onish fasli", "Ozodlik", "Ko'ksimdagi Tangritog'", "Qorako'zlarim" kabi to'plamlari asosida tahlil qilingan. Shoira she'riyatining mavzu ko'lami va tasnifi o'rganilgan. Asarlarining o'ziga xos xususiyatlari yoritilgan.

Kalit so'zlar. She'riyat, davr, ijtimoiylik, peyzaj asar, ko'ngil lirikasi, falsafiy lirika, ruhiyat, bag'ishlov.

XX asrning 70-yillarida o'zbek she'riyatida Cho'lpon, Hamza, Oybek, G'.G'ulom, U. Nosir, H.Olimjon, Zulfiya, E.Vohidov, A.Oripov kabi shoirlarga munosib izdosh bo'la olgan yangi avlod paydo bo'ldi. Bu davrda U.Azim, Sh.Rahmon, Q.Rahimboyeva singari iste'dodlar ijodida g'oyaviy-estetik qarashlarning badiiy tadrijini kuzatish mumkin. Yangi avlod vakillari o'z davrigacha bo'lgan milliy adabiyotimiz an'analari bilan bir qatorda, jahon she'riyati tajribalaridan ham unumli foydalandilar.

XX asr o'zbek she'riyatidagi poetik masalalar M.Qo'shjonov, O.Sharafiddinov, I.G'afurov, I.Haqqulov, S.Meliyev, Q.Yo'ldoshev, N.Jabborov, U.Hamdamov va yana ko'plab adabiyotshunoslar tomonidan o'rganilgan. Xususan, O.Sharafiddinov o'tgan asrning 70-yillarida ijod maydoniga kirib kelgan shoirlar haqida quyidagi fikrlarni bildirgan: "1976-yil poeziyasining xususiyatlari haqida gapirganda yosh shoirlar ham g'oyat qunt bilan barakali ijod qilganligini ta'kidlash lozim...Yosh shoirlar ichida boysunlik Usmon Azimov, samarqandlik Xosiyat Bobomurodova va Xurshid Davron, o'shlik Shavkat Rahmon, qo'qonlik Maqsuda Egamberdiyeva, Yodgor Obidov, Shukur Qurbonov, toshovuzlik Qutlibeka Rahimboyevalarning asarlari ajralib turadi – ularda izlanish kuchli, o'ziga xoslikka intilish bor, eng muhimi esa, bu yoshlar she'rida hali o'zigacha hech kim aytmagan gaplarni topib aytishga intilishayapti"[1]. Garchi, bu mulohazalar shoirlarning dastlabki

---

[1] Sharafiddinov O. Talant – xalq mulki. – T., Yosh gvardiya, 1979. – B. 89-90.

she'rlariga bag'ishlansa-da, kelajakdagi ijodlari uchun ham yuksak baho bo'la olgan. Hozirgi o'zbek adabiyotini sanab o'tilgan ijodkorlarsiz tasavvur etib bo'lmaydi. Shu nuqtai nazardan Qutlibeka Rahimboyeva she'riyatiga e'tiborimizni qaratamiz.

Qutlibeka Rahimboyeva she'riyati toza hislar bilan himoyalangan qalb, baland ruh, falsafiy mushohada bilan o'quvchiga ko'tarinkilik va huzur bag'ishlaydi. Adabiyotshunos N.Jabborov "Zamon. Mezon. She'riyat" kitobida shoira ijodi xususida shunday deydi: "Qutlibekaning "Qorako'zlarim" to'plamidagi she'rlar metaforalarga boy. Shu bois ular badiiy jihatdan talab darajasida, ta'sirchan:

Oyning huqqasidan kumush keltirsam,
Yulduz tokchasidan idish keltirsam,
Nayson bulutidan yog'ish keltirsam,

Darmon bo'larmanmi dardlaringizga.

"Oyning huqqasi (qutichasi)", "Yulduz tokchasi" metaforalari, birinchidan, she'rning badiiyatini ta'minlagan bo'lsa, ikkinchidan, qutichadan kumush, tokchadan idish keltirish birikmalari muallifning ayol zotiga mansub ekanini ko'rsatishi jihatidan ham ahamiyatlidir. Umuman, bu toifaga xos nazokat, ulargagina tegishli nafosat sezilib turishi ayollar she'riyatining fazilati sifatida baholanishi zarur. Mazkur she'rdagi "Darmon bo'larmanmi dardlaringizga" misrasi yurakka yaqin, xalqona ibora ekani bilan fikrning ta'sir kuchini oshirgan"[2].

Shoira lirikasining mavzu ko'lami keng. Uning ijodida erk, ozodlik, Vatan baxti, qadrdon qishloq sog'inchi kabi mavzular bilan bir qatorda, she'riyat, tabiat go'zalliklari, lirik "men" ning onaga, farzandga, yorga, yaqinlariga eng samimiy tuyg'ulari, atrofida kechgan voqea-hodisalarga nisbatan tuygan hislari, qalban ardoqlangan tarixiy shaxslar yodi, asl tuyg'ular madhi, o'z-o'zini so'roqlash kabi turli mavzular bor. Bu mavzularni bir-biriga bog'lab turuvchi umumiy jihat ham mavjud, ya'ni lirik qahramon yoxud lirik "men"ning har gal qaytadigan yagona joyi uning ko'nglidir. Qaytiladigan manzil esa "kichik bir yurak" emas, balki "bo'ronlardan kuchli, osmondan ulkan" tuyg'ular to'kilgan

---

[2] Jabborov N. Zamon. Me'zon. She'riyat. – T.: G'afur G'ulom nomidagi NMIU, 2015. – B.25

makon. Shuning uchun ham u qaytishga arziydi. Shoiraning nazdida, tuyg'ularsiz yashab o'tilgan umr ilon kabi sudralib yurish bilan teng:

> *Vahima demagin, cho'chima hech ham,*
> *Zulumot bir chaqa. Bu – buyuk oqshom.*
> *Faqatgina, do'stim, oydin yo'llarda*
> *Bo'm-bo'sh yurak bilan sudralmoq –*
> *daxshat*[3].

Qutlibeka barcha tuyg'ularni muhabbatga yaqin bo'lishini istaydi. Aksincha bo'lgan tuyg'ularga esa uning aytar so'zi bor:

> *Dunyoda muhabbatdan yiroq hislarning,*
> *Yiroq tuyg'ularning o'lgani yaxshi*[4]*!*

Shoira she'rlarida muhabbat ayol qalbining nozikligi, nafisligini saqlab qoluvchi kuch sifatida tilga olinadi. U "Ayol" she'rida shunday deydi :

> *Garchand ko'ztortardir, davlatmand, to'qdir,*
> *Sizdan tashqarida muhabbat yo'qdir,*
> *Meni qamab qo'ying o'z ichingizga*[5].

---

[3] Qutlibeka. Qorako'zlarim: She'rlar, tarjimalar. – T.: "Adib" nashriyoti, 2012. – B.14.
[4] Qutlibeka Rahimboyeva. Yuragimdan ko'rganlarim: She'rlar. – T.: Adabiyot va san'at nashriyoti, 1981. – B.15.

Shoiraning "Xayol" deb nomlangan she'rida esa lirik "men" ishq-muhabbatdan boshqa barcha so'zlarni o'chirib tashlashga ham tayyor:

*Yomg'ir yuvar ikkov solgan izlarni,
Bir Olloh xabardor bo'lar bizlardan.
"Ishq"dan boshqa barcha bilgan
so'zlarni
O'chirib tashlaymiz lug'atimizdan[6].*

Qutlibeka Rahimboyeva ijodida tabiatga muhabbat, uning go'zalligiga havas va hayrat tuyg'ulari aks etgan she'rlar ham talaygina. Shoira bahor tabiati, gullar, maysalar, yomg'ir, kamalak va rangin kengliklarni hammadan ko'proq sevadi. Tabiatning bu go'zal pallasida uning vujudi ishq bilan, hayrat bilan mast bo'ladi va shunday duo qiladi:

*Hayratimning umri, ishqimning umri,
O'zimning umrimdan uzunroq bo'lsin[7]!*

Ijodkor kuz faslini ham bahordan kam ko'rmaydi. Daraxtlarning bag'ri bo'shasa-da, yaproqlarning jilmayganini ko'radi, faqat

---

[5] Qutlibeka. Qorako'zlarim: She'rlar, tarjimalar. – T.: "Adib" nashriyoti, 2012. – B.132.
[6] Yuqoridagi kitob. B. 43.
[7] Qutlibeka Rahimboyeva. Yuragimda ko'rganlarim: She'rlar. – T.: Adabiyot va san'at nashriyoti, 1981. – B.11.

kuzdagina quyoshga to'yguncha termulish mumkinligini anglaydi. Bahor va yozlarda tabiatni chiroyli deb sevgani uchun kuzdan, kuzgi yaproqlar-u yomg'irdan tiz cho'kib uzrlar so'raydi:

> *Jonim daraxtlarim, yaprog'im, gulim,*
> *Yuksaklardan kelgan, azizim yomg'ir,*
> *Moviy bahorlarda, cho'g'li yozlarda*
> *Faqat chiroyli deb sevganim uchun*
> *Tiz cho'kib uzrlar so'rayman hozir*[8].

Qutlibeka she'riyatidagi peyzaj asarlarda lirik qahramonning o'ylari, orzu-armonlari tabiat manzarasi bilan qorishib ketgan. Shoiraning "Tong otsa…" she'rida ozodlik sog'inchi bor bo'y-bastini ko'rsatgan:

> *Tong otsa, bir suvday suluvligim bor,*
> *Tong otsa, ipakday kulaman mayin.*
> *Faqat bu kechaning o'tmog'i dushvor,*
> *Faqat bu tonglarning otmog'i qiyin…*
> *Nega men istagan tong otmas, nega?*
> *O'z qalbimga o'zim emasman ega?*[9]

Shoiraning vatanga muhabbatida ham o'ziga xos samimiylik bor:

---

[8] Qutlibeka. Qorako'zlarim: She'rlar, tarjimalar. – T.: "Adib" nashriyoti, 2012. – B.22.
[9] Yuqoridagi kitob. B. 80.

Yomg'irlar yog'adi, shamollar esar,
Go'yo yo'q hech qanday mo'jiza-yu sir.
Baribir, quvonchim, armonim bilan
Shu yerda yashagim kelar bir umr[10].

Qutlibeka Rahimboyeva she'riyatida ona, vatan va ozodlik sog'inchi egizaklarday bir-biriga o'xshash. Shoira onasidan uzoqda bo'lgan kezlari uni "hech chidab bo'lgusiz" bir istak qiynayveradi:

Endi quvonchimni og'rita boshlar
Hech chidab bo'lgusiz yana bir istak.
Qaniydi shu dam yo'q ilojni topib,
Bag'rida siz turgan qorachig'imga
Intiq lablarimni entikib bossam[11].

Shoira ijodida bag'ishlov she'rlar ham yetakchi o'rinni egallaydi. "Muhtarama Zulfiya opaga", "Xalima opamga", "Munojotxonga", "Munavvarxonga", "Onamga", "O'g'limga", "Qizimga", "Soriyaga", "Ozoda singlimga", "Tanish ayolga", "Shoir do'stlarimga", "Paxtakor singlimga" kabilar shular jumlasidandir. Bunday she'rlarda ijodkorning yaqinlariga bo'lgan tuyg'usi, ular bilan bog'liq

---

[10] Qutlibeka Rahimboyeva. Yuragimda ko'rganlarim: She'rlar. – T.: Adabiyot va san'at nashriyoti, 1981. – B.6.
[11] Qutlibeka Rahimboyeva. Yuragimda ko'rganlarim: She'rlar. – T.: Adabiyot va san'at nashriyoti, 1981. – B.24.

xotiralar yoxud chorlov aks ettirilgan. Bobur va Cho'lponga o'zgacha muhabbati bor shoira ular haqida bir qancha she'rlar yozgan. Boburning vatan sog'inchini o'z ichida kechirgan va Cho'lponning buyuk ishqini his qilgan Qutlibeka ular ijodidan ta'sirlanib she'rlariga nazira ham bog'laydi.

Shoiraning "Men" deb nomlangan turkum she'rlari o'nta she'rdan iborat. "Hurmat bilan o'zimga bag'ishladim" deb epigraf qo'yilgan bu she'rlarni Qutlibeka Rahimboyevaning ko'ngil olami aks etgan ko'zgu, deyish mumkin. Shoira she'rlarida goh muhabbat bilan mashg'ul ekanligini oshkor etsa, goh o'zini yurt ozodligi uchun kurasha olmayotgandek nadomat qiladi. Bunday vaqtlarda ena yurtining lirik "men" yuragiga o'q sanchishini xohlab qoladi. O'z botiniga achchiq kinoya va nafratini socha boshlaydi:

Jasorat – o'raga ko'mik mix,
Adolat maysaga qo'ngan chig',
Talangan xonlikdir iqtisod,
Nafsdir bizdagi bor bisot.
So'zingizga gullar qadaysiz, Bikam,
O'lgingiz kelmasa chidaysiz, Bikam[12].

---

[12] Qutlibeka. Ozodlik: She'rlar. – T.: "Yozuvchi", 1997. – B.20.

Qutlibeka Rahimboyeva she'rlari davrlashtirilganda, ularni ikki guruhga ajratish mumkin:
1. Mustaqillik davrigacha bo'lgan she'rlar;
2. Mustaqillik davridagi she'rlar.

Shoira ijodidagi mustaqillik davrigacha bo'lgan she'rlarda paxta dalalaridagi og'ir mehnat, ayollarning ayolligini unuttirgan, bolalarni ulg'aytirib qo'ygan mashaqqatli davr, afg'on urushi fojealari, qullikka isyon, ozodlikni qo'msash, hurriyatga da'vat kabi mavzular yetakchilik qiladi.

Mustaqillik davridagi ijodda esa erkni qadrlash, uni har kim va har narsadan qizg'onish, baxtiyorlik nafasi, shukronalik hissi, diniy qadriyatlar aks etgan mavzular asosiy o'rinni egallaydi:

Sevgan ko'z izi bor – nazarli yurtim,
Ildiz bergan kuchdan no'zarli yurtim,
Kimligin bilgan kun o'zarli yurtim,
Siz uchun Tangrimga shukrim ko'p mening[13].

---

[13] Qutlibeka. Qorako'zlarim: She'rlar, tarjimalar. – T.: "Adib" nashriyoti, 2012. – B.121.

Shoiraning ikki davrdagi she'rlarida ham o'zgarmas yuksak ruhiyati sezilib turadi. U she'rlaridan birida shunday deydi:

Ruhim, bunday ketmaklik og'ir,
Meni yechib tashla, tezroq bo'l.
Cho'ksang, baland ko'kka cho'k, axir,
O'lsang, yulduz bo'g'izida o'l[14].

Qutlibeka Rahimboyevaning yaqin kunlarda nashr etilishi rejalashtirilgan "Saylanma"sini nashrga tayyorlovchi va kirish so'z muallifi adabiyotshunos Marhabo Qo'chqorova shoira she'rlarini mavzu nuqtai nazardan "ijtimoiy", "peyzaj" va "ko'ngil lirikasi deb, uchga ajratib o'rganish mumkin"[15]ligini aytadi. Biz bu tasnifni yoqlagan holda, ular tarkibiga falsafiy lirikani ham qo'shishni ma'qul topdik. Nazarimizda, shoira ijodidagi ayrim she'rlarda falsafiylik ijtimoiylikdan, peyzaj yoki ko'ngil lirikasidan ham ustunroq turadi. Quyidagi she'rni ana shunday she'rlar qatorida sanash mumkin:

"Chiroqni yoq",– deysiz,
Hadeb qistaysiz.

---

[14] Qutlibeka. Ozodlik: She'rlar. – T.: "Yozuvchi", 1997. – B.17.
[15] Qutlibeka Rahimboyeva. Saylanma: She'rlar. – Toshkent, 2023. E-kitob. B. 9.

Oling, ana yoqdim –
deylik, shu bilan
o'zgarib qoldimi,
Sizningcha, dunyo?[16]

Qutlibeka Rahimboyeva she'riyati eng samimiy tuyg'ular bilan yo'g'rilgani, ruhiyatning baland ekani, o'quvchini mustaqil mushohada yuritishga undovchi teran mulohazalarga boyligi bilan qimmatli she'riyat darajasiga ko'tarila olgan, deyish mumkin. Shoira ijodida ayol qalbining nozik kechinmalari, xalqning mardona tabiati, Yaratganga cheksiz muhabbat va tubanlikka nafrat tuyg'ulari yuksak pafos bilan ifodalangan. O'zlikni anglash, ruhni tarbiyalash, ko'ngilni chirkin illatlardan himoya qilish Qutlibeka she'rlarining bosh g'oyasidir.

---

[16] Qutlibeka Rahimboyeva. Uzun kunduzlar: She'rlar. – T.: Adabiyot va san'at nashriyoti, 1984. – B.19.

"O'TKAN KUNLAR" VA "TAMILLA" ASARLARINING QIYOSIY TAHLILI

Asarlarning qiyosiy o'rganilishi ularning mazmun-mohiyatini kengroq tushunish, yozuvchilarning mahoratini baholash uchun muhim omil bo'lib xizmat qiladi. 20-asr o'zbek adabiyotining yetuk vakili Abdulla Qodiriyning "O'tkan kunlar" va fransuz yozuvchisi Ferdinand Dyushenning "Tamilla" romanlari ham qiyosiy o'rganilishi kerak bo'lgan asarlar sirasiga kiradi. "O'tkan kunlar" asari o'zbek adabiyotidagi birinchi roman bo'lib, unda tarixning "…eng kirlik, qora kunlari"[17] (Muallif shunday ta'rif bergan) bo'lgan o'zbek xonliklari davri hikoya qilinadi. Asardagi voqealar asosiy obrazlar Yusufbek hoji hamda Otabekning hayoti, muhabbati, uning atrofidagi odamlar bilan birga kechadi. Dyushenning "Tamilla" asarida esa arab xalqlarining hayoti, urf-odati bosh qahramon Tamilla taqdiri bilan bog'liq voqealar asosida tasvirlangan. Bu asarni 1927-yilda Zarif Bashiriy o'zbek tiliga tarjima qilgan. Uni tahrir qilish esa

---

[17] "O'tkan kunlar". Roman. Abdulla Qodiriy. – Toshkent, "Sharq" nashriyoti, 2018. – B.5.

Abdulla Qodiriyga topshirilgan. Roman janrida yozilgan ikkala asar ham realistik adabiyot namunasi hisoblanib, hayotning haqqoniy manzarasi ochib berilganligi bilan ahamiyatlidir. Bu asarlar nafaqat janr, balki g'oya, syujet va obrazlar talqini jihatidan ham ma'lum darajada mushtaraklikka ega. Quyida shular xususida to'xtalsak:

1. Ikkala asarda ham mualliflar portret va peyzaj masalalariga alohida e'tibor qaratgan. "O'tkan kunlar" asarida Yusufbek hoji, Otabek, Kumush va ular atrofidagi barcha insonlarning tashqi ko'rinishi, ichki dunyosi bilan bir qatorda, tabiat, uy, saroy kabilarning ko'z ilg'amas xususiyatlari alohida tasvirlangan. "Tamilla" asarida ham Tamilla, uning yashab turgan uyi, qishlog'i, ota-onasi, sevgan insoni Oqili haqida gap ketganda, ularning qiyofasi, kishilarning mimik harakati aniq ifodalangan. Asarlar ilk ekspozitsiyasidayoq bu holatni o'zida namoyon qilgan. Misollarga e'tibor qaratamiz: "1264-hijriya, dalv oyining o'n yettinchisi, qish kunlarining biri, quyosh botgan, tevarakdan shom azoni eshitiladir" [18]. "Tirilti qishlog'idan ozroq

---
[18] "O'tkan kunlar". Roman. Abdulla Qodiriy. – Toshkent, "Sharq" nashriyoti, 2018. – B.6.

chetda, soyroqda, janubning issiq oltinga o'xshash changi bilan o'ralgan joyda dindor Metsiyonning uyi"[19]

2. Asarlardagi oshiq yigitlar va qizlar tasvirlari ham o'zaro mutanosib, ya'ni "Tamilla" da Oqili badavlat, kelishgan, aqlli yigit sifatida tasvirlangan bo'lsa, "O'tkan kunlar" da Otabek ham yosh, ko'rkam, zehnli va boy yigit ("Toshkandning mashhur a'yonlaridan bo'lg'an Yusufbek hojining o'g'li")[20] deya ta'riflangan. Shuningdek, Tamilla va Kumush obrazlari ham eng chiroyli so'zlar bilan maqtalgan: "...yuqoriga qarab burilgan kipriklari ostidagi chuqur qora ko'zlari...,kulcha yuzidagi kichkina qizil lablari, nafis oq qo'llari, bolalarning oyog'i yanglig' nozik oyoqlari..."[21] (Tamilla tasviri). "...quyuq jinggila kiprak ostidag'i tim qora ko'zlari..., qop-qora, kamon, o'tib ketgan nafis, qiyig' qoshlari..., to'lgan oydek g'uborsiz oq yuzi, latif burnining o'ng tomonida tabiatning nihoyatda usta qo'li

---

[19] "Tamilla". Roman. Ferdinand Dyushen. – Toshkent, "Sharq" nashriyoti, 1993. – B.6.
[20] "O'tkan kunlar". Roman. Abdulla Qodiriy. – Toshkent, "Sharq" nashriyoti, 2018. – B.6.
[21] "Tamilla". Roman. Ferdinand Dyushen. – Toshkent, "Sharq" nashriyoti, 1993. – B.10.

bilan qo'ndirilg'an qora xoli..."[22] (Kumushbibi tasviri).

3. Ikki asarda ham muhabbat mavzusi yetakchilik qiladi. (Oqili va Tamilla), (Otabek va Kumush).

4. Tamilla ham, Kumush ham o'z yaqin insonlarini o'limdan qutqarib qoladi: Tamilla sevgani Oqilini, garchi u bilan ajrashgan bo'lsada, qaroqchilar qo'liga tushishdan saqlab qoladi, natijada o'zi qaroqchilar tomonidan juda qattiq qiynoqqa solinadi. Kumush esa Homidning bo'xtoniga ishongan xon va uning a'yonlari qo'lidan otasi va erini qutqarib qoladi.

5. Ikkala asarda ham ko'pxotinlik fojeasi, kundoshlar munosabati ko'tarilgan. (Tamilla bilan Mina hamda Kumush bilan Zaynab munosabati)

6. Asarlarning ikkisida ham ko'pxotinlikni ma'qullovchi, uning afzallik tomonlarini o'ylovchi obrazlar bor: ("Tamilla" asarida Sayid Abdulloning katta xotini Xadicha, "O'tkan kunlar" asarida Homid obrazi).

7. G'arazli maqsadlar yo'lida oshiq va ma'shuqani ajratishga urinish holati ham ikkala

---

[22] "O'tkan kunlar". Roman. Abdulla Qodiriy. – Toshkent, "Sharq" nashriyoti, 2018. – B.28.

asarda uchraydi. (Dyushen asarida Metsiyon o'z nafsi uchun kuyovidan katta miqdorda qarz olib, uni bermaslik maqsadida qizi Tamillani uyiga olib keladi. Natijada, Oqili xotinini ikkinchi marta sotib olib, (Asarda arab xalqlari odatiga ko'ra, qizlar sotilgan, ya'ni sovchi yigit qizga uylanish uchun uning otasi rozi bo'ladigan miqdorda pul bergan) o'z uyiga qaytarishga muvaffaq bo'ladi. Qodiriyning romanida esa Homid Kumushga uylanish uchun Otabek nomidan taloq xati yozadi va bu g'arazli maqsad oxir-oqibat Homid va uning yigitlarini Otabek tomonidan o'ldirilishi bilan yakunlanadi.

8. Ikki asarda ham xat motivi uchraydi. (Davr nuqtai nazaridan bu tabiiy hol).

9. Asarlar yakuni sevikli xotinlarning fojeali o'limi bilan tugagan, ularning ikkisi ham sevgan insonlari qo'lida jon bergan (Tamilla va Kumush).

10. Ikkala asarda ham davr qarashlari va insonlarga xos illatlar qoralangan.

Har ikki asarda o'ziga xos farqli jihatlar ham mavjud. Bular:

1. Oqili va Otabek muhabbati. Fikrimizcha, Oqili tashqi ko'rinish va moddiylik borasida Otabekka teng bo'lsa ham, sevganiga

bo'lgan muhabbat, sadoqat va ma'naviy yetuklik fazilatlari hisobga olinganda, Otabekdan quyi pog'onada turadi. Otabek Zaynabga majburlikdan, ota-ona istagi uchungina uylanadi, Oqili esa o'z xohishi bilan Minaga uylanadi.

2. Tamilla va Kumushning o'limi. Tamillani, Kumushdan farqli, kundoshi emas, adolatsizliklar, boshidan o'tgan azob-uqubatlar, farzandlarining sog'inchi o'ldirdi. U ikki farzandning onasi. Oqilidan qiz, ikkinchi eri Laxraxdan o'g'il farzandli bo'lgan. O'g'lini Laxraxning o'zi o'ldirgan. Qizi esa arab sudi qonunlariga ko'ra, otasi bilan qolgan. Kumush birinchi farzandi Yodgorni dunyoga keltirgach, Zaynab bergan zahar tufayli jon beradi.

3. Ota obrazi (Metsiyon va Mirzakarim qutidor). Asarda qurbon bo'lgan qizlarning otalari sanalgan bu qahramonlar xarakterida katta tafovut seziladi. Metsiyon qizi taqdiriga befarq, puldan o'zga narsa bilan ishi yo'q berahm ota bo'lsa, Mirzakarimboy ilmli, ma'rifatli, mehribon ota qiyofasida gavdalangan.

Xulosa qilib aytganda, Abdulla Qodiriyning "O'tkan kunlar" va Ferdinand Dyushenning "Tamilla" romanlari o'z milliy adabiyotidan tashqari, dunyo miqyosida tanilgan asarlar hisoblanadi. Asarlarning bunday e'tirofga munosibligi ushbu yozuvchilarning yuksak iste'dodi bilan bog'liq. "O'tkan kunlar" asarining ingliz tilida tarjima qilinishi va ommaga taqdim etilishi, "Tamilla" asaridagi bu ismning boshqa millatlar orasida keng tarqalishi romanlarning dunyo xalqlari uchun ham sevimli ekanligini isbotlaydi. Asarlar g'oyasining har qaysi davr uchun dolzarbligi ularning qimmatliligini oshirgan, desak xato bo'lmaydi.

QUTLIBEKA RAHIMBOYEVANING NAZIRA BOG'LASH MAHORATI

Annotatsiya. Ushbu maqolada sharq mumtoz adabiyotida keng ommalashgan nazira bog'lash an'anasining hozirgi o'zbek she'riyatidagi o'rni Qutlibeka Rahimboyeva ijodi misolida tadqiq etilgan. Shoira tomonidan yaratilgan naziralar tahlilga tortilgan. An'ana, yangilik va mahorat masalalariga munosabat bildirilgan.

Kalit so'zlar. Adabiy ta'sir, nazira, an'ana va novatorlik, mahorat, badiiy meros, ruboiy, g'azal, musammat.

Zamonaviy o'zbek adabiyotini o'tmish adabiyotidan ayri holda tadqiq etib bo'lmaydi. Chunki har qanday milliy adabiyot o'z taraqqiyoti davomida tarixiy-madaniy yangilanish sharoitida o'zigacha o'tgan badiiy merosga tayanadi, o'tmish adiblari ijodini qayta idrok etadi va salaflar tajribasini o'z davri qo'ygan badiiy-estetik vazifalarni bajarishga xizmat qildiradi. Bunday hodisani sharq mumtoz she'riyatida an'anaga aylangan nazirago'ylikning hozirgi davr lirikasiga ta'siri misolida ham ko'rish mumkin. Nazira bog'lash haqida fikr yuritishdan oldin, nazira atamasining izohiga e'tibor qaratish lozim. "Adabiyotshunoslik lug'ati" kitobida bu so'zga quyidagicha ta'rif berilgan: "Nazira (ar. o'xshash, o'xshash narsa, namuna) – o'zga shoir she'riga ergashish yo'li bilan, unga o'xshatma tarzida yoki javob sifatida yaratiluvchi she'r. Sharq adabiyotida nazira bitish ancha keng tarqalgan, zamondosh shoir yoki salaflar bilan o'ziga xos ijodiy musobaqa tusini olgan an'anadir. Nazirada shoir o'zga shoir she'ridan bir bayt yoki misrani aynan olib, uni davom ettiradi yoxud o'z she'riga aynan keltirilgan bayt yoki misrani singdirib yuboradi. Bunday she'rlar fors-tojik adabiyotida tatabbu (ar. biror narsaning ketidan tushish, izidan borish) deb yuritiladi, lekin o'zbek she'riyatida nazira istilohi kengroq ommalashgan...Nazira deyarli barcha mumtoz shoirlarimiz ijodida uchraydi. Masalan, "Devoni Foniy" Navoiyning Xofiz Sheroziy, Dehlaviy, Abdurahmon Jomiy, Sa'diy, Mavlono Kotibiy, Mavlono Shohiy, Kamol Xo'jandiy, Husayniy, Vafoiy, Qosim Anvor kabi o'nlab shoirlar she'rlariga bog'langan naziralardan tarkiblangan. Mumtoz adabiyotimizda g'azal, qasida, murabba' va masnaviylarga nazira bog'lash kengroq ommalashgan. Masalan, Jomiyning "Lujjat ul-asror" qasidasi Xisrav Dehlaviy qasidasiga, Navoiyning "Lison ut-tayr" dostoni Attorning "Mantiq ut-tayr" dostoniga...Xaziniyning "Arzim eshit, ey zolimu sitamgar" misrasi bilan boshlanuvchi murabba'si esa Muqimiyning "Arzim eshit, ey sarvi ravonim" misrasi bilan boshlanuvchi mashhur murabba'siga naziralardir"[23]. Bu kabi she'rlarning "mumtoz

---

[23] Quronov D. va boshqalar. Adabiyotshunoslik lug'ati. – Toshkent.: Akademnashr, 2013. – B.

adabiyotda alohida mavqega ega"[24] bo'lishi hozirgi o'zbek she'riyatida ham nazira bog'lash an'analarining davom etishiga zamin yaratdi. Xususan, Qutlibeka Rahimboyeva ijodida an'ana, novatorlik va mahorat uyg'unlashgan bir qancha o'ziga xos naziralar mavjud. Shoira she'rlarida, ayniqsa, Bobur va Cho'lponga izdoshlik yaqqol seziladi. Qutlibeka bu ikki ijodkorni o'ziga ko'ngildosh ustoz, deb biladi. Shuning uchun ularning faqat ijodiga emas, hayot yo'liga ham o'zgacha nigoh bilan qaraydi. U Boburga bag'ishlangan she'rini shunday yakunlaydi:

Uning yuragida
Siymu zarlarga ham ko'ngli to'lmasdan,
Aziz tuyg'ulari bag'riga o'rab
ardoqlab yurgan
vatanning suvrati bor edi, axir![25]

Boburning qalbidagi azoblarni his qilgan shoira uning "Tuz oh, Zahiriddin Muhammad

---

201-202.
[24] Fayzulloyev B.B. O'zbek she'riyatida tatabbu tarixi va mahorat masalalari (XVII-XIX asrlar va XX asr boshlari g'azalchiligi asosida): Filol. Fanlari nomz. disser. – Toshkent, 2002. – B. 6.

[25] Qutlibeka Rahimboyeva. Yuragimda ko'rganlarim: She'rlar. – T.: Adabiyot va san'at nashriyoti, 1981. – B. 43.

Bobur" deb boshlanuvchi radifli ruboiysiga nazira bog'laydi. Dastavval, ruboiyga e'tibor qaratamiz:
Tuz oh, Zahiriddin Muhammad Bobur,
Yuz oh, Zahiriddin Muhammad Bobur!
Sarrishtai ayshdin ko'ngulni zinhor
Uz, oh, Zahiriddin Muhammad Bobur![26]

"Tuz" so'zining "To'g'ri, rost", "Sarrishta" so'zining "Kalavaning uchi" yoki "Kirishish yo'li, ilhom kelishi" kabi ma'nolariga ahamiyat bersak, ruboiyning izohi oydinlashadi. Lirik qahramonning hijronda o'rtangani ayon bo'ladi. Ruboiyga bog'langan naziraning vazn, shakl, qofiya va hajmi mumtoz asardan butunlay farq qilsa-da, ilk misraning she'r tarkibida kelishi, mazmunan uyg'unlik Qutlibeka ijodining nazira sifatida baholanishini asoslaydi. Bu holatni an'anaga nisbatan o'zgacha yondashuv deyish mumkin. To'rt bandlik she'r kuz tasviri bilan boshlanadi, tabiatdagi o'zgarishlar tadrijiy rivojlanib borib haddi a'losiga yetadi:

Bulut qayta butlangan qalqon,
Shamol qilich, daraxtlar zirlar.
Ajib faqat ko'rinmaydi qon,

---

[26] Ochilov E. Sochining savdosi tushti. – Toshkent, Sharq, NMAK, 2007. – B. 162.

Shitob yuvar g'assol yomg'irlar.
Tuz oh...Bikajon[27].

Boburning kechinmalari va Qutlibeka she'ridagi fasl manzarasida qanday umumiylik bor, degan savol tug'ilishi tabiiy. "Mumtoz adabiyotimizda kuz obrazida hijron azobi, oshiqlar fojeasi ramzlashgan. Hazrat Navoiy "Layli va Majnun" dostonining yigirma yettinchi bobini "Kuz faslida Laylining hayot sha'mi o'chgoni va Majnunning ham joni birdan qafasidan uchgoni" deb nomlashi bejiz emas. Navoiy bu mash'um fojeani boshqa biror faslda berolmas edi"[28]. Qutlibeka Rahimboyeva ham sharq klassik she'riyatidagi ramziylikka muvofiq Bobur ruboiysiga nazira bog'laydi. Kuz fasli orqali haqsizlik, erk sog'inchi hamda o'zi jon-u dili bilan qadrlagan shoirining oshiqlik dardini yuksak mahorat bilan tasvirlaydi. Zero, Bobur – vatanga oshiq, uning yurtdan ayroligi – oshiqning fojeasi. Yana boshqa ruboiyda Bobur o'zining achchiq qismati haqida shunday yozadi:

Tole' yo'qi jonimg'a balolig' bo'ldi,

---

[27] Qutlibeka. Ozodlik: She'rlar. – T.: "Yozuvchi", 1997. – B.25.
[28] Tojiboyeva M.A. Jadid adiblari ijodida mumtoz adabiyot an'analari: Filol. fanlari doktori (DSc) disser. Toshkent, 2017. – B.31.

Har ishniki ayladim, xatolig' bo'ldi,
O'z yerni qo'yib Hind sori yuzlandim,
Yorab, netayin, ne yuz qarolig' bo'ldi[29].

Qutlibeka bu ruboiyning uchinchi misrasiga javob sifatida Mohim Bonu tilidan iltijo qiladi:

Qayting, mirzom, ko'zim-so'zim mung,
Tulporingiz orqaga buring.
Ikki daryo oralig'ining
Baxti shirin, kulfati shirin[30].

She'r tarkibida ruboiyning ma'lum qismi aynan takrorlanmaydi. Uchinchi misra epigraf bo'lib keladi. Qutlibekaning bu misrani she'r mazmuniga singdirib yuborishi, Boburning hasratlariga o'zi kabi bir ayolning tilidan javob yo'llashida naziraga aloqadorlik seziladi. Shoiraning "Qo'shiqdan so'ng...", "Kimni suyibman?", "Yo'qlov...", "Oson bo'lmaydi", "Yevropada qolgan qabrlar", "Qo'shiqqa" deb nomlangan she'rlarida ham ayni shunday holatni kuzatish mumkin. Ularning biri Navoiyning "Qaro ko'zim..." deb boshlanuvchi g'azalining

---

[29] Bobir. Tanlangan asarlar. – Toshkent, 1958. – B.141.
[30] Qutlibeka Rahimboyeva. Uyg'onish fasli: She'rlar, doston. – T.: "Yosh gvardiya", 1989. – B.20.

matla'si, boshqa biri Asqad Muxtorning "Yevropada qolgan qabrlar", yana boshqa biri Mirtemirning "Betobligimda" she'ridagi "Shu kungacha o'zni men cheklab bo'ldim" misrasi ta'sirida yozilgan bo'lsa, qolgan uchtasi Cho'lpon ijodi bilan bog'langan. Xususan, "Kimni suyibman?" she'rida Cho'lponning "Men suyib, men suyib kimni suyibman", "Yo'qlov..." she'rida "Boshimni zo'r ishga berib qo'yibman", "Oson bo'lmaydi" she'rida "Quchoq ochib xalq ichiga boraylik" misralari epigraf sifatida tanlangan. Sanab o'tilgan she'r, bayt va misralar Qutlibeka she'rlari uchun asos bo'lgan. Shoira ozodlik, haqiqat va adolat kabi masalalarda, ayniqsa, Cho'lpondan ilhomlangan. Cho'lpon haqida bir qancha she'rlar yozgan ("Men sizni sog'indim...", "Yo'qlov...") Qutlibeka uning "Sozim" she'riga nazira ham bog'laydi. Quyida Cho'lpon she'ridan parcha keltirilgan:

Tilingan tillarga qon yugurg'usi,
Bo'shalgan inlarga jonlar kirg'usi,
Tikanli boqchalar chechak ko'rg'usi,
Haq yo'li, albatta, bir o'tilg'usi
Jandalar tanimga tekkan kunlarda!...[31]

---

[31] Abdulhamid Cho'lpon. Go'zal Turkiston. She'rlar. – Toshkent, "Ma'naviyat", 1997. – B.82

Shoira bandning to'rtinchi misrasini aynan olib, uni mazmunan kengaytiradi:

Til bergin, dil bergin, qo'l bergin,
Hech yo'qsa, bir oyoq yo'l bergin,
"Haq yo'li, albatta, bir o'tilg'usi"[32].

Ushbu nazira yozilgan davrda ozodlik baxti Qutlibeka uchun ham yuksak orzu bo'lgan. Shoira Cho'lpon va o'zining yakdil istaklarini nazira bog'lash orqali yanada kuchliroq namoyon qilgan.

Qutlibeka Rahimboyeva zamondosh shoirlar ijodiga befarq qaramagan. Uni ta'sirlantirgan, tuyg'ulari qalbiga yaqin bo'lgan she'rlarga o'zining ijodiy munosabatini bildirgan. Sa'dulla Hakimning "Garashaliklar qo'shig'i" shunday she'rlardan hisoblanadi:

Bug'doyzorda yelga yetak navo oqar,
Kun tig'ida bulutlardan tahsin yog'ar.
Bu diyorni sevganlarga baxtlar boqar,
Yurt qadriga yetmaganni chaqmoq ursin[33].

She'r bandlarida hukm kabi kelgan oxirgi misralar Qutlibeka ijodidagi "Chaqmoq ursin" she'ri uchun zamin yaratgan:

---

[32] Qutlibeka. Ko'ksimdagi Tangritog': She'rlar. – T.: "Sharq", 2002. – B.18.

[33] Sa'dulla Hakim. Ko'ngil yuzi: She'rlar. – T.: "Sharq", 2006. – B.125.

*...Vatan yana ruh ustuni, ko'z gavhari,
Shu boisdan vatansizlar egilguvchi.
Vatan – nomus, Vatan – iymon, Vatan – bari,
Vatanlilik insonlikning bosh belgisi.
Vatanini bilmaganni chaqmoq ursin!*[34]

Shoira she'r davomida eng aziz nomlarni tilga oladi. Avvalo, "kir yuklardan" xoli bolalikni, beg'ubor yurakni saqlay olmaganni, "Tangri ixlos bilan yaratgan zot" onalarni qadrlamaganni, "ruh ustuni, ko'z gavhari" bo'lgan vatanni bilmaganni "chaqmoq ursin" deya xitob qiladi. Ushbu she'rning shakli ham o'ziga xos. To'rt va besh misralik bandlar navbati bilan kelayotgandek tuyuladi. Ammo she'rdagi mazmun har to'qqiz misralik bandni yaxlit bir butun deb qarashni talab etadi. Shu jihati bilan bu bandlar mumtoz adabiyotimizdagi musammatning turlaridan biri mutassa'(to'qqiz misrali band) ni yodga soladi. Hozirgi davr adabiyotida "Chaqmoq ursin" she'ri shakl tomondan mutassa'ning tadrijiy ko'rinishi sifatida maydonga kelgan, deyish mumkin.

Xulosa qilganda, Qutlibeka Rahimboyeva ijodida mumtoz adabiyotimizda keng

---

[34] Qutlibeka. Ozodlik: She'rlar. – T.: "Yozuvchi", 1997. – B.60.

ommalashgan nazira bogʻlash anʼanasining davom etgani hozirgi oʻzbek sheʼriyati rivoji uchun ahamiyatli hodisa sanaladi. Birinchi navbatda, nazira oʻtmish adabiyoti yoki zamondosh shoir ijodi uchun koʻprik vazifasini oʻtaydi. Qutlibeka tomonidan yaratilgan naziralar bilan tanishgan oʻqirman sharq sheʼriyatining badiiy merosidan ham bahramand boʻladi. Ikkinchidan, nazira bogʻlash ijodiy faoliyat boʻlganligi sababli unga ijodkorona munosabatda boʻlish adabiy yangiliklarga yoʻl ochadi. Shoira ijodidagi naziralarning vazn, shakl, hajm va qofiya tomonidan farqlanishi, ramziy maʼnoning kuchliligi hamda original topilmalarning qoʻllanilishi adabiy yangilik boʻlib xizmat qiladi. Uchinchidan, oʻzga sheʼr taʼsirida yangilik yaratish uchun ijodkorda yuksak mahorat boʻlishi kerak. Yuqorida oʻrganilgan naziralar Qutlibekaning mahorati bilan badiiy-gʻoyaviy yetuk asar darajasiga koʻtarila olgan.

Qutlibeka Rahimboyevaning oʻzga shoirlar ijodi bilan bogʻliq sheʼrlarini ikki guruhga ajratib oʻrganish lozim:

1. Boshqa shoir ijodidagi misra yoki bayt sheʼr ichida aynan keltirilgan, olingan parchaning mazmuni yangi sheʼrda davom

ettirilgan. Bunday she'rlarning vazn, shakl, hajm va qofiyasi farq qilsa-da, ularda naziraga xoslik mavjud.

2. Boshqa shoir ijodidan olingan misra yoki bayt she'rda epigraf bo'lib kelgan. Bunday she'rlar epigraflarga javob sifatida yaratilgan yoki ularning mazmunini kuchaytirishga xizmat qilgan. Ularni shartli ravishda "naziraga yaqin turuvchi she'rlar" deb nomlash mumkin.

Har ikki holatda ham, Qutlibeka Rahimboyeva mumtoz adabiyotimiz an'analarini muvofiq davom ettirgan, ularga yangicha ruh bera olgan ijodkor qiyofasida gavdalanadi. Qolaversa, uning ijodida musammatlarning janriy tadrijini ham ko'rish mumkinki, bu hodisa keyingi tadqiqotlar uchun yo'l ko'rsatadi.

JANUBIY O'ZBEKISTON DOSTONCHILIK SAN'ATINING O'ZIGA XOS XUSUSIYATLARI

Annotatsiya: ushbu maqolada o'zbek folklorshunosligida doston janrining o'rni, Janubiy O'zbekiston dostonchilik san'ati, uning o'ziga xos xususiyatlari, dostonchilik maktablari, ustoz-shogirdlik an'anasi, baxshilar ijrosi va yo'nalishi, Janubiy O'zbekistonning boshqa hududlar dostonchilik san'atidan farqli jihatlari yoritilgan.

Kalit so'zlar: o'zbek folklorshunosligi, dostonchilik san'ati, dostonchilik maktablari, ustoz-shogirdlik an'anasi, baxshilar ijrosi.

Folklorshunoslik keng ma'noda xalq ijodining barcha sohalarini ifoda etsa, tor ma'noda, asosan, so'z san'atini – xalq og'zaki poetik ijodi tushunchasini nazarda tutadi. Shu jihatdan, o'zbek folklorshunosligi ham turli janrlardan iborat og'zaki so'z san'ati hisoblanib, xalqimizning dunyoqarashi, orzu-umidlari, badiiy zavqi, urf-odatlari hamda ijodiy salohiyatini o'zida namoyon etadi. Folklorshunos olimlarning diqqatini o'ziga jalb qilgan, o'zbek xalq og'zaki ijodi tarkibidagi eng ko'p o'rganilgan, katta munozaralarga sabab bo'lgan va xalq ijodini butun dunyoga ma'lum va mashhur qilgan yirik janrlardan biri doston janridir. "Alpomish", "Go'ro'g'lining tug'ilishi", "Malika Ayyor", "Ravshan" kabi o'nlab asarlar, "Kuntug'mish", "Rustamxon", "Oshiq G'arib va Shohsanam" kabilar xalq og'zaki ijodidagi doston janriga mansub namunalar bo'lib, asrlar davomida el qalbidagi samimiy hurmatga sazovor bo'lgan, shuhratga erishgan durdonalar hisoblanadi.

Dostonlarni shogirdlik faoliyatini boshidan kechirgan, maxsus ta'lim ko'rgan va muayyan iqtidorga ega shaxslar – baxshilar kuylaydilar. Folklorshunoslikda baxshilarning turli nomlar bilan atalgani ham ma'lum. Jumladan, yuzboshi, soqi, jirov, jirchi, oqin shular jumlasidandir. Xorazmda doston aytuvchi ayollar xalfa nomi bilan mashhur. Ularni umumiy nom bilan baxshi deb atasak, o'z navbatida, baxshilar ham ijrolarida ma'lum bir hududning lokal xususiyatlarini aks ettiradi. Jumladan:

Ijro vositalari. O'zbekistonning janubiy hududlari hisoblangan Surxondaryo, Qashqadaryo, Samarqand, Jizzax, Sirdaryo viloyatlarida ijro vositasi do'mbira bo'lsa, markaziy hudud – Toshkent viloyati hamda vodiy tomonda qo'biz, Xorazm viloyatida esa dutor (tor, g'ijjak, bo'lomon) bilan ijro etiladi.

Ijro uslubi. Janubiy O'zbekiston dostonchiligida baxshilar ichki, bo'g'iq ovozda kuylasalar, boshqa hudud baxshilari tashqi ovozda kuylaydilar.

Ijro imkoniyati va poetik mahorati. Bu xususiyatlarga ko'ra, Janubiy O'zbekiston baxshilari ijodkor baxshilar deyiladi. Markaziy hududlar va Xorazm dostonchiligi vakillari ijrochi baxshilar hisoblanadi.

O'zbek dostonchiligida doston kuylash an'anasi ko'plab dostonchilik maktablarini vujudga keltirgan. Bulung'ur, Qo'rg'on, Shahrisabz, Qamay, Narpay, Sherobod, Janubiy Tojikistonda yashovchi o'zbek-laqay dostonchilik maktabi, Xorazm va Farg'ona vodiysi maktablari bularga misol bo'la oladi.

Filologiya fanlari doktori, professor To'ra Mirzayev ma'lumotiga ko'ra, Bulung'ur dostonchiligida qahramonlik dostonlarini ijro etish ko'proq ommalashgan. Bu maktabning so'nggi vakili bo'lgan Fozil Yo'ldosh o'g'lidan "Alpomish", "Yodgor", "Yusuf bilan Ahmad", "Malika Ayyor" kabi dostonlar yozib olingan. Fozil Yo'ldosh o'g'li Yo'ldosh, Qo'ldosh va Suyar shoirlarning tarbiyasini olgan. Qo'rg'on maktabida Ergash Jumanbulbul o'g'li, Po'lkan shoir, Shahrisabz dostonchilik maktabida Abdulla Nurali o'g'li, Narpay dostonchiligida Islom shoir Nazar o'g'li ijodi alohida qayd etilgan.

Xorazm dostonchilik maktablari Janubiy O'zbekiston maktablaridan butunlay farq qiladi. Bu maktab vakillari do'mbira chertuvchi baxshilardan ajralib turgan holda, dostonlarga o'zgartirish kiritmaydilar. Xorazm dostonchiligi rivoji Bola baxshi nomi bilan bog'liq.

Farg'ona vodiysi dostonchiligida Namangan viloyatining shimoli Uychi, Yangiqo'rg'on, Chortoq atroflarida ijod qilgan Dehqonboy Bahromov, Ikrom Rizayev, Omon baxshi Razzoqovlar nomi mashhur.

O'zbek dostonchiligi an'analarida hajman cheklanish kuzatilmaydi. Madaniy merosimiz xazinasida "Bozirgon", "Sohibqironning tug'ilishi" kabi kichik asarlar va ayni paytda, "Alpomish", "Malika Ayyor"dek yirik dostonlar bor. Dostonlar hajmidagi nisbiy o'lchov hisobga olinsa, do'mbira chertib, ijro etiladigan Samarqand, Buxoro, Qashqadaryo, Surxondaryoda aytiladigan dostonlar hajmi Xorazm dostonlaridan ham, Farg'ona vodiysi dostonlaridan ham kengligi bilan ajralib turadi.[35]

Dostonlarda baxshilar o'zlari yashab turgan hududning ma'lum an'ana va

---

[35] Madayev O. O'zbek xalq og'zaki ijodi. – T.: Mumtoz so'z, 2010. – B.166.

marosimlaridan mahorat bilan foydalanadilar. Bunga namuna sifatida, "Alpomish" dostonining Fozil Yo'ldosh o'g'lidan yozib olingan variantiga e'tibor qaratamiz: "Qadimgi rasimi shunday bo'ladi, Barchinoyni qiz opqochdi qiladi, ...Bir yerda bularni topib oladi"[36]. O'zbekistonning janubiy viloyatlarida uzatilayotgan qiz to'y kuni biron-bir qarindoshi yoxud qo'shnilaridan birinikida, ya'ni o'z uyidan uzoqroqda bo'ladi. Qizning dugonalari uzatilayotgan qizni yashirib, "qiz yashirdi" marosimini o'tkazadi. Kuyov tomondan tanlangan vakil bo'lg'usi kelinni topib olishi kerak. Ana shu "qiz yashirdi" marosimidan so'nggina, bo'lg'usi kelindan vakillar rozi-rizolik olishadi. Barchinning alohida o'tov tikib, o'z elidan ajralib chiqishi, bu bir tomondan qizning balog'atga yetganidan dalolat bersa, ikkinchi tomondan uning ihota qilinishini anglatadi.[37] Bundan tashqari, dostonlardagi Xo'jai Xizr, Oshiq Oydin pir, Ollonazar Olchinbek kabi obrazlar baxshilarning homiylari va ustozlari sifatida namoyon bo'ladi.

---

[36] Alpomish / Aytuvchi: Fozil Yo'ldosh o'g'li / Nashrga tayyorlovchi: Hodi Zarifov va To'ra Mirzayev. – T.: Sharq, 1998. – B.166.
[37] Eshonqulov J. Mif va badiiy tafakkur. – T.: Fan, 2019. – B.45.

Xo'jai Xizr – o'zbek xalq dostonlari va afsonalari, xalq tasavvuridagi eng qadimiy mifologik obrazlardan biri bo'lib, u tushda baxshilik iqtidorini berishdan tashqari, doston qahramonlari va kishilarga rizq-ro'z, davlat, baxt ato qilib yuradi. Xizr payg'ambarni baxshilar ustoz hisoblagan boshqa epik obrazlar ham o'zlariga pir hisoblashadi. Oshiq Oydin pir – epik an'anada afsonaviylashgan Xorazm vohasi baxshilarining homiysi va ustozi. Bu obraz tarixiy asosga ega bo'lib, uning qabri hozirgi Turkmaniston hududidagi Ko'hna Urganch shahridan oltmish kilometr janubiy g'arbda joylashgan. Ollonazar Olchinbek ham O'zbekistonning Janubiy hududidagi baxshilarning ustozi, piri hisoblanadi. Shu nomli dostonning to'rtta varianti mavjud. Bular Eson ota Shomurodov, Mardonaqul Avliyoqul o'g'li, Normurod baxshi Poyonov, Qahhor baxshi Qodir o'g'li variantlari bo'lib, ularning ichida eng mukammali, Qahhor baxshiniki hisoblanadi. Mazkur dostonda baxshi kulti (topinchi), baxshi va soz, ustoz va shogirdlik, ijrochi va tinglovchi, baxshichilik maktablari, ijro usullari va yoʻllari, repertuari va boshqa masalalar qamrab olingan.[38] Oʻzbek dostonchiligida, ustoz-shogird an'analariga asoslangan baxshichilik san'atida keng tarqalgan ijro usuli – janubiy vohalarda ommalashgan doʻmbira joʻrligidagi boʻgʻizda doston aytish sanaladi. Baxshining boʻgʻizda ichdan kuch bilan ovoz chiqarishi juda qadim zamonlarda shimol xalqlari afsungarlari – shamanlarda mavjud boʻlgan. Demak, Janubiy Oʻzbekiston dostonchiligining oʻziga xos xususiyatlaridan biri boʻlgan bu ijro usuli oʻzbek baxshilarini uzoq oʻtmish zamonlar bilan bogʻlay olganligi uchun ham ahamiyatlidir.

QUTLIBEKA RAHIMBOYEVA SHE'RIYATIDA FOLKLOR UNSURLARI

Annotatsiya. Mazkur maqolada Qutlibeka Rahimboyeva she'riyatida folklor unsurlarining ahamiyati toʻgʻrisida fikr yuritilgan. Bir qancha she'rlari oʻrganilgan va tahlil qilingan. Lirik

---

[38] Eshonqulov J. Mif va badiiy tafakkur. – T.: Fan, 2019. – B.76-77.

"men" ruhiyatini ochishda folklor obrazlari va his-tuyg'u mutanosibligi masalasiga e'tibor qaratilgan. Shoiraning an'anaga yondashuv usuli, ijodiy mahorati xususida mulohazalar berilgan.

Kalit so'zlar. O'zbek folklori, an'ana, tafakkur, yozma adabiyot, she'riyat, obraz, ohang, doston, talmeh.

Har bir millatning turmush tarzi, orzu-umidlari, dunyoqarashi va qadriyatlari uning og'zaki ijodida namoyon bo'ladi. Ushbu tafakkur mahsuli bejizga folklor, ya'ni "xalq donoligi" deb nom olmagan. Hali yozma adabiyot vujudga kelmasdan, insoniyat quvvai hofizasida yashab kelgan og'zaki ijodiyotni bebaho xazinaga qiyoslash mumkin. O'zbek folklori ham necha ming yillik tarixdan so'zlovchi, ajdodlar sabog'idan dars beruvchi bilimlar jamlanmasidir. "Yozma adabiyotdagi qanchadan qancha nodir iboralar, quyma ifodalar, poetik obraz va tasvir usullari bevosita folklor asarlari zaminida paydo bo'lgan"[39]. Mumtoz adabiyotimiz vakillari, xususan, Alisher Navoiy xalqning bu merosidan

---

[39] Ashurova G.N. Abdulla Oripov she'riyatida an'ana va badiiy mahorat (obraz, g'oya va tasvir): Filol. fan. nomz. disser. – Toshkent, 2008. – B.14.

doimo ta'sirlangan. Shuning uchun "Muhokamat ul-lug'atayn", "Majolis un-nafois" va "Mezon ul-avzon" asarlarida xalq ijodiyoti masalalarini yoritgan, qo'shiqlarini tasnif qilgan, ularning muhim xususiyatlarini bayon etgan. O'zi ham xalq qo'shiqlari tarzida she'rlar bitgan. Qolaversa, "Xamsa" asariga kirgan dostonlardagi xayoliy hikoyalar, afsonalar, dev, ajdaholar bilan pahlavonlarning olishuvi kabi tasvirlar Navoiyning bu tafakkur xazinasiga bo'lgan cheksiz muhabbatini ko'rsatadi.[40] Folklor asarlari hozirgi o'zbek adabiyoti uchun ham tuganmas ilhom manbai bo'lib kelmoqda.

Xalq og'zaki ijodi an'analariga bog'langan Qutlibeka Rahimboyeva she'riyati o'zbekona xarakter va milliy madaniyatni aks ettirgani uchun muhim ahamiyatga ega. Adabiyotshunos M.Qo'chqorova shoira ijodi xususida shunday deydi: "Qutlibeka she'riyati ikkita katta o'zandan oziqlanadi. Bularning birinchisi, o'zbek zamonaviy she'riyati bo'lsa, ikkinchisi, xalq og'zaki ijodidir. Shoira lirikasida xalq ohanglari nihoyatda mahorat bilan sintez qilingan". Darhaqiqat, Qutlibeka Rahimboyevaning folklor

---

[40] Mallayev N.A. Navoiy va xalq ijodiyoti. – T.: G'afur G'ulom nomidagi adabiyot va san'at nashriyoti, 1974. – B.23.

asarlariga, ayniqsa, xalq dostonlariga mehri baland. Buni quyidagi she'riy parchalar bilan izohlash mumkin:

Ko'z yosh bilan kelar haqiqiy shodlik,
Yig'lab quvonaman, xalqim, baxtingdan.
Go'ro'g'li ko'rinar har bitta otliq,
Quyoshlik izlayman tola yoqtingdan.[41]

Boshqa she'rida esa:
"Hazrati Xizrdan o'ng yo'l so'rasam,
Go'ro'g'li sultondan duldul so'rasam,
Susambil so'rasam, Jambil so'rasam,
Darmon toparmanmi dardlaringizga?[42]*"* – misralari keltirilgan. Parchalardagi Go'ro'g'li obrazi shu nomdagi turkum dostonlarning asosiy qahramoni hisoblanadi. Folklorshunos Sh.Turdimovning fikricha, u o'zbek xalqining mifo-epik tarjimai holi, badiiy holatdagi tarixiy xotirasidir. Duldul ma'nosida Go'ro'g'lining G'irko'k oti nazarda tutilgan. Hazrati Xizr – xalq tasavvuridagi qadimiy mifologik obraz sifatida baxshilarning ustozi,

---

[41] Qutlibeka. Ko'ksimdagi Tangritog': She'rlar. – T.: "Sharq", 2002. – B.4.
[42] Qutlibeka. Qorako'zlarim: She'rlar, tarjimalar. – T.: "Adib" nashriyoti, 2012. – B.105.

boshqa epik qahramonlarning ham piri bo'lgan[43]. Susambil – ertakdagi, Jambil – dostonlardagi joy nomi. Shoira keltirilgan birinchi parchada vatanning ot mingan har o'g'lonini Go'ro'g'lidek ko'rib faxrlanadi. Bandda "Toshhovuz o'zbeklari shevasidagi "yoqti" so'zi "yorug'lik" ma'nosini ifodalagan. Ikkinchi parchada esa lirik subyekt dardga darmon topish uchun Xizrdan yo'l, Go'ro'g'lidan ot hamda Susambil va Jambil makonlarini so'rashga shay turibdi. Yana bir she'rida lirik "men" o'zini "Alpomish" dostoniga o'xshatishlarini xohlaydi:

Qo'rqoq so'zlarining tilini kesgan
Dunyoda eng botir so'zliksan, denglar.
Dostonsan – bag'rida Alpomish o'sgan,
Oybarchin singari qizliksan, denglar.[44]

Bu tashbehdan mohiyat shuki, "Alpomishning tug'ilishi haosning kosmosga aylanishi, tartibsizliklarga tartib berilishi, parokandalikning birlashishi, quvvatning jam bo'lishi, ezgu adolatning tantana qilishidir"[45].

---

[43] Eshonqulov J. Mif va badiiy tafakkur. – T.: Fan, 2019. – B.76.
[44] Qutlibeka. Ko'ksimdagi Tangritog': She'rlar. – T.: "Sharq", 2002. – B.28.
[45] Eshonqulov J. Mif va badiiy tafakkur. – T.: Fan, 2019. – B.69.

Lirik qahramon yurtni ozod koʻrmoq niyatida yashaydi. Shu sababli she'rni:
> "Lekin oʻzin sevib, qadrlamasa
> Ozod yashamaydi birorta millat!"[46] –

degan hukm bilan yakunlaydi. Shoira "Bu ne kundir" she'rida erksizlikka yem boʻlmaslik uchun xayolning ichiga berkinmoqchi boʻladi:
> *Xayolimda kuchliman gʻoyat,*
> *Sigʻindidir haqorat, xoʻrlik.*
> *Yosumanmas birorta gʻoya,*
> *Dev boʻlolmas birorta zoʻrlik.*[47]

E'tiborimizni bandning soʻnggi ikki misrasiga qaratamiz. Nega birorta gʻoya yosuman emas? Nima uchun birorta zoʻrlik dev boʻlolmaydi? Chunki "Yosuman – folklor va yozma adabiyotda makkorlik ramzi boʻlgan salbiy personaj. U odatda aldov, hiyla bilan pok insonlarning hayotiga zomin boʻladi. Masalan, Alisher Navoiyning "Farhod va Shirin" dostonida yengilmas Farhodni hiyla bilan behush qilib, Xisrav huzuriga keltiradi. Yosuman afsona, ertak va dostonlarda jodugar, ayyor, makkor, hiylagar kampir nomlari bilan ham yuritiladi.

---

[46] Qutlibeka. Koʻksimdagi Tangritogʻ: She'rlar. – T.: "Sharq", 2002. – B.28.
[47] Qutlibeka. Ozodlik: She'rlar. – T.: "Yozuvchi", 1997. – B.6.

Folklorshunos J. Eshonqulovning fikricha, devning kasallik va o'lim sifatida tasvirlanishi ertak va dostonlarimizda ko'p uchraydi. "Pahlavon Rustam" ertagida devlar Nodirshoh va odamlarning ko'zlarini ko'r qilib g'orga qamab qo'yadi.[48] Xalq og'zaki ijodidan yaxshi xabardor bo'lgan shoira bu obrazlardan mohirlik bilan foydalangan. Lirik qahramon xayolidagi birorta g'oyada yosuman, ya'ni aldov yo'q. Undagi birorta zo'rlik esa hech kimga ofat olib kelmaydi. Qutlibekaning "Ertakdan so'ng" turkumidagi "Olis sadolar" she'ri ham xalqona ruhda yozilgan. Unga *"Sayyoh yigit bilan donishmand ona qadim ertaklardan chiqib, so'ylashib turgan payti"* jumlasi epigraf qilib qo'yilgan. Bu holat xuddi xalq dostonlarida epik she'r boshlanishidan oldin takrorlanadigan so'nggi gapga o'xshaydi. Masalan: *"...Do'st emas, nomard ekansan", – deya so'ylab turgan joyi"* kabi. She'rning o'zi ham xalq qo'shiqlariga mos aytishuv shaklida yaratilgan. Yigit savol so'raydi, ona javob beradi yoki yigit nola chekadi, ona dalda bo'ladi. Quyidagi she'r esa ohang jihatidan murojaat qo'shiqqa yaqin:

Joning jon joyima tutashma, inim,

---
[48] O'zbek xalq ertaklari. – T.: O'qituvchi, 1991. – B.8.

*Ko'ngling menikiga o'xshashma, inim,
Shu suvday suluvni chin sevgan bo'lsang,
O'zim sovchi bo'lay, bo'shashma, inim.*[49]

She'rda umumo'zbek xalqiga xos dangallik fazilati bilan bir qatorda, azaliy qadriyat sifatida qaraladigan sovchilik urf-odati ham namoyon bo'lgan. Tovushlar takrori esa she'r ohangdorligini ta'minlagan. Shoiraning "Enaman" she'ri baxshilarning do'mbira jo'rligida kuylaydigan epik qo'shiqlarini eslatadi:

*Jonidan jon uzib yurgan enaman,
"Enam"lasang tov ortidan kelaman.
Sen bolaning bir gaping bor, bilaman,
Ayt, ayama. Meni Xudoy ayasin.*[50]

Xalqona samimiylik, jonkuyarlik fazilatlari bilan chizilgan o'zbek onasining mehrli qiyofasi she'r badiiyatini oshirgan. Ko'ngil va o'zlik orasida qurilgan yo'l vazifasini o'tagan.

Qutlibeka Rahimboyevaning "Qo'shiq" deb nomlangan she'ri, chin ma'noda, Xorazm xalq qo'shiqlari kabi yoqimli jaranglaydi:

*Qizil gul do'yim-do'yim,
Shamola atar o'yin.*

---

[49] Qutlibeka. Ko'ksimdagi Tangritog': She'rlar. – T.: "Sharq", 2002. – B.10.
[50] Yuqoridagi kitob. B.12.

Ori yo'qmi beklardi
Shu guna bo'lar bo'yin?[51]

She'rda folklorga xos barcha elementlar – ijtimoiy muammo, parallellizm, tovush ohangdoshligi, qisqa she'r tipi, shevaga oid so'zlar mavjud. Og'zaki ijodda, masalan, gul yoki bulbul obrazi bilan boshlangan qo'shiq, ko'p hollarda, xalqning orzu-o'ylari, dard-u hasratlarini ifodalayotgan bo'ladi. Ushbu she'rda ham "ishqli ko'ngil" birikmasi ostiga vatan qayg'usi yashiringan. "Qizil gul" ramziy ma'noda ayol-qizlar ma'nosini ifodalaydi. "Shamol" esa yurt ahvoli haqida so'zlayotgan xabarchi. Bu orqali lirik "men" bek yigit(lar)ni yovga bo'yin egmaslikka chorlaydi.

Umuman olganda, Qutlibeka Rahimboyeva folklor an'analarini hozirgi zamon she'riyatiga mohirona singdira olgan, individual uslubi bilan yangiliklar yarata olgan ruhiyati baland shoira. Ko'rib o'tganlarimiz shoira she'rlarining bir qismi bo'lib, uning lirikasida yana ko'plab folklor xususiyatlari aks etgan she'rlar mavjud. "Boychechagim boylandi", "Zuhro o'tinchi", "Tohirlar qayda?", "Askar yigitga oq yo'l", "Oftob enadan so'rovim", "Diydor", "Sizga

---
[51] Qutlibeka. Ozodlik: She'rlar. – T.: "Yozuvchi", 1997. – B.57.

o'xshamas", "Haqboy buvaning sodda falsafasi", "Qishning oxirlari" kabi qator she'rlari va dostoni shular jumlasidandir. Biz maqolaga qo'yilgan talabni hisobga olgan holda, barcha she'rlarni tahlilga tortmadik. Shoiraning folklor an'analari bilan bog'liq qolgan she'rlarini keyingi tadqiqot ishlarida davom ettirishni ma'qul topdik. Yuqoridagi mulohazalarga tayanib quyidagicha xulosaga kelish mumkin: Qutlibeka Rahimboyeva she'riyatida folklorga murojaatning uch xil usuli ko'zga tashlanadi. Birinchisi, xalq dostonlari, ertaklar va hokazolardagi mashhur obrazlarni she'rga olib o'tish (Go'ro'g'li, Alpomish, Barchinoy kabi). Bu esa shoira lirikasida talmeh san'atining ahamiyatini ham belgilaydi. Ikkinchisi, asosan, ramziy ma'no tashuvchi predmet-obrazlardan foydalanish (gul, shamol kabi). Uchinchisi, xalq epik she'rlari va qo'shiqlariga xos ohang, parallellizm, qaytariqlar, alliteratsiya, qisqa bo'g'inlarni ishlatish. Bu shartli ravishda qilingan tasnif bo'lib, ma'lum ma'noda, shoiraning ijodiy mahorati, lirikasining o'ziga xos xususiyatlarini ko'rsatish uchun xizmat qiladi.

Qutlibeka Rahimboyeva milliy qadriyat va an'analar ruhida yaratilgan she'rlari bilan hozirgi oʻzbek adabiyoti rivojiga munosib hissa qoʻshmoqda. Zero, badiiy adabiyotning asosiy maqsadlaridan biri insoniyatga oʻzlikni anglatishdir. Bu maqsadga yetishda xalqning koʻp asrlik tafakkurini oʻzida singdirgan badiiy asarlar muhim ahamiyat kasb etadi.

"MALLA SAVDOGAR" DOSTONIDA OBRAZLAR TALQINI

Annotatsiya: ushbu maqolada Oʻzbekiston xalq baxshisi Qahhor Rahimovning "Malla savdogar" dostonidagi obrazlar talqini va ularni tasvirlashda baxshining mahorati masalalari yoritilgan.

Kalit soʻzlar. Doston, obraz, personaj, syujet, konflikt, portret.

Qahhor baxshi Rahimov repertuaridagi dostonlarda turli-tuman obrazlar talqinini koʻrish mumkin. Obrazlar masalasiga toʻxtashdan oldin, "Obraz" soʻzining lugʻaviy masalasiga eʼtibor qaratish kerak.

Obraz soʻzi rus tilida "aks" degan maʼnoni anglatib, adabiyotshunoslik lugʻatlarida badiiy obraz atamasi bilan berilgan. "Badiiy obraz –

adabiyot va san'atning fikrlash shakli, olam va odamni badiiy idrok etish vositasi, badiiyatning umumiy kategoriyasi".[52] Badiiy obraz o'z tarkibida ma'lum bir turlarga bo'linadi. "Jumladan, ijodkor estetik ideali bilan munosabatiga ko'ra ijobiy va salbiy obrazlar, ijodiy metodga ko'ra realistik, romantik va b., yaratilish usuliga ko'ra fantastik, grotesk va b., xarakter xususiyati va estetik belgisiga ko'ra, tragik, satirik, yumoristik obrazlar farqlanaveradi. Shuningdek, ba'zan badiiy obrazning tasvir planidan kelib chiqib inson obrazi, jonivorlar obrazi, narsa-buyum obrazi tarzidagi atamalar ham qo'llanadi"[53]

Shu jihatdan olib qaralganda, Qahhor baxshi Rahimov ijrosidagi "Malla savdogar"[54] dostonida Go'ro'g'li , Avazxon, Hasanxon, Misqol pari, Yunus pari, Go'ro'g'lining qirq yigiti, Ahmad qari, Shodmon, Yusuf, Olloyor, Asad va Asqad mergan, qirq chiltanlar, Soqibulbul, Uzumko'zoyim, Gulnor, Nurali, Shohdorxon, Oytumsa, Malla savdogar, Oyto'ti kabi qator

---
[52] Quronov D., . Mamajonov Z. Sheraliyeva M. Adabiyotshunoslik lug'ati. – Toshkent: Akademnashr, 2013. – B.43.
[53] O'sha asar. – B.46.
[54] "Malla savdogar". Doston. Aytuvchi Qahhor baxshi Rahimov. Yozib oluvchi A. Ergashev. Arxiv materiali.

inson obrazlari uchraydi. Dostonda G'irot, Majnunko'k, Oqbo'z kabi ot obrazlari ham mavjud. Voqealar Taka Turkman va Yovmitni birlashtirgan Chambil eli, Shirvon, Misr mamlakati oralig'idagi epik makonda kechadi. Doston o'ziga xos syujetga ega bo'lib, voqealar Go'ro'g'li sulton nevarasi Nuralining tug'ilganiga bag'ishlab o'tkazayotgan to'yida ko'pkari berish hodisasi bilan boshlanadi. Ko'pkarida Go'ro'g'lining qirq yigiti, Avazxon, Hasanxon ham qatnashadi. "Taka Turkman va Yovmit elatini birlashtirib, Chambil qo'rg'onini davlatlarga tanishtirib, o'z bekligini"[55] qilayotgan Go'ro'g'lining ko'pkarida Avazning ham, qirq yigitlardan birining ham o'zini ko'rsata olmayotganidan qahri keladi va zotning ustiga zot qo'shib tashlayveradi. Ko'pkarida Shirvon mamlakatining shohi Shohdorxonning bitta-yu bitta qizi Oytumsa ham qatnashotgan bo'lib, u "...mamlakatida menman degan polvon"[56]larni yenggan, Avaz bilan kurashishga talabgor bo'lgan, o'zini ko'rmay unga oshiq bo'lib yurgan edi. Go'ro'g'lining gapidan so'ng, "...zo'ravorligi, mardligi, qaytmasligi bilan elatga

---

[55] O'sha doston.
[56] O'sha doston.

nomi ketgan"[57] Avazxon va erkak libosini kiyib olgan Oytumsa maydonda hammadan oldinlab, ikkalasi bellasha boshlaydi. Avaz yutqizib qoʻyishdan uyalib, Oytumsadan unga yon berishini, shunday qilsa Oytumsa bilan butun umr doʻst boʻlib qolishini aytadi. Qiz rozi boʻladi. Ammo gʻalaba qozongan Avazning shodxurramlik kayfiyatida bergan va'dasi esidan chiqadi. Bundan jahli chiqqan va Ahmad qarining xiylasiga duch kelgan Oytumsa Avazni haqoratlab, ortidan borishga majbur qiladi. Ortidan yetib olayotganini sezgan qiz Avazning koʻziga jodu sepib, uni koʻr qiladi. Shu orada dostonga qirq chiltanlar obrazi kirib keladi va Avazning koʻzini davolab, unga yordam beradi. Otidan ayrilgan Avaz uni qutqarish uchun qalandar koʻrinishida Shirvonga borib, oʻzini Nurman qalandar deb tanishtiradi va Gʻirotga sayislik qila boshlaydi. Oqibatda Shirvon mamlakatidan Oytumsani togʻasi Ahmad qariga berish uchun olib qochgan Avaz Shohdorxon lashkarlarini yengib, shohni qoyil qoldiradi. Qizni ota-ona roziligi bilan, qirq kanizagi, tuya va mollar, zar-u tillolar bilan olib ketayotgan Avaz tushi orqali Chambilda noxush voqea boʻlganini

---

[57] Oʻsha doston.

sezadi. Oytumsaga qaytib kelishni va'da qilib, o'zi Chambilga jo'naydi. Yurtida Go'ro'g'li bilan Avazning orasini buzgan, uning uyini vayron qilib xotini Uzumko'zoyim va bolalari Gulnor, Nuralini Misrga qul qilib sotgan Ahmadning kirdikorlari fosh bo'ladi. Avaz tog'asi Ahmadni jazolab, Misrga yo'l oladi. Malla savdogarning uyida shod-xurramlikda yashayotgan xotini va bolalarini topib, Malla savdogarga rahmat aytib, o'zining bir vaqtlar unga qilgan yaxshiligidan xursand bo'lib yurtiga qaytadi. Yo'lda Oytumsani olib, xotini va bolalari bilan Gurjistonga ketmoqchi bo'lgan Avazni G'irot to'xtatib qoladi va Go'ro'g'li va Avazning munosabatlari yaxshilanishiga sababchi bo'ladi. Doston Avazning Chambilga qaytib, Go'ro'g'lining qirq kecha-kunduz elga to'y berishi voqealari bilan yakun topadi. Shu o'rinda dostonning o'ziga xosligini ko'rsatib turuvchi ayrim obrazlarga e'tibor qaratamiz.

Go'ro'g'li mard, gapida turadigan, yomonning jazosini beradigan, o'z o'rnida xatosini anglaydigan, farzandsizligi tufayli Avazxon bilan Hasanxonni tarbiyalagan sulton obrazida namoyon bo'lgan.

Avaz – Go'ro'g'lini har tomondan qo'llovchi, "taraflarga zo'rligi" o'tgan, "tiklab qarasa, devman degani qon" yutgan, "ostida otasi Go'ro'g'lining moli G'irotni"[58] o'ynatgan, hech narsadan qo'rqmaydigan obraz.

Oytumsa – mardlikda yigitlardan o'tadigan va Shohdorxonning qizi bo'lgan obraz. Avaz yaralanganda, uning qo'lida asir turgan Oytumsa qochib ketmay Avazga yordam beradi: "Avaz mard ekan, yana nomardlik bo'lmasin, men ham mardlik qilayin"[59], – deb, ro'molini olib yarasiga bosaveradi. Hattoki, Avazning o'rnidan jangga ham kiradi.

Uzumko'zoyim yori Avazga vafodor ayol, bolalariga mehribon ona obrazida gavdalangan.

Nurali obrazi esa yosh bo'lishiga qaramay, yigitlarga xos gap-so'zlar bilan onasi Uzumko'zoyim va opasi Gulnorni Ahmad qarining zulmidan himoya qilishga urinayotgan bola timsolida tasvirlangan.

Malla savdogar obrazi yaxshilikni unutmaydigan, insofli Misr savdogarlaridan biri sifatida tasvirlangan. Avazxon uni qaroqchilardan

---

[58] O'sha doston.
[59] O'sha doston.

qutqarib qolgani uchun, savdogar ham Avazning oilasini qutqarib, ularga yaxshilik qiladi.

Qirq chiltanlar obrazi dostonlarning bosh qahramonlariga homiylik qiluvchi, ularni qoʻllab yordam beruvchi obrazdir. "Malla savdogar" dostonida ular Avazga yordamga keladi.

Dostonda koʻplab an'anaviy obrazlar qatori Ahmad qari obraziga alohida ishlov berilgan. Uning portreti xiylakor, ayyor, yolgʻonchi, xiyonatkor, gʻavgʻo koʻtaruvchi, yomonlik qiluvchi, Goʻroʻgʻli bilan Avazga dushman sifatida qarovchi, hokimiyatga intiluvchi va shu kabi salbiy xislatlarni oʻzida jamlagan obraz qiyofasida tasvirlangan. Ahmad qari va uning turkumlik dostonlaridagi oʻrni masalasida oʻzbek folklorshunosligida V. Jirmunskiy, H. Zarifov, Sh. Turdimovlar[60] tadqiqotlar olib borgan va "Goʻroʻgʻli" turkum dostonlarining oʻzbek versiyasida bu obrazning xiyonatchi, yovuz niyatli xoin kabi vazifalarni bajarishini qayd etgan. "Tadqiqotchilar Goʻroʻgʻliga nisbatan togʻasi Ahmadda bunday xususiyatlarning shakllanishi ota hokimiyatini begonalar

---

[60] Жирмунский В. М., Зарифов Ҳ. Т. Узбекский народний героический эпос. М., 1947; Турдимов Ш. "Гўрўғли" достонларининг генезиси ва тадрижий босқичлари. – Тошкент: Фан, 2011.

(Avazxon, Hasanxon) egallashi mumkin, degan tushunchadan kelib chiqqanligini aytadilar. Ahmad qari obrazi va unga munosabat dostonchilik maktablari va baxshi-shoirning voqelikka estetik qarashlaridan kelib chiqib turlicha ko'rinishda ta'riflansa ham, Janubiy O'zbekiston dostonchiligi, xususan, Sherobod dostonchiligida unga bo'lgan munosabat salbiy ko'rinishda ifodalangan. Hattoki, Ahmad sardorning o'limi haqida maxsus dostonlar ham ijro etilganligi haqida ma'lumotlar uchraydi".[61]

"Malla savdogar" dostonida Ahmad qari Oytumsaga yomon nazar bilan qaraydi, uni aldov yo'li bilan uyiga olib boradi. Ammo maqsadiga yetolmaydi. Avazning Chambilda yo'qligidan foydalanib, Go'ro'g'li va Avaz o'rtasiga nizo soladi. Uning xotini va bolalarini Misrga qul qilib sotadi. Oqibatda Avaz tomonidan qilmishiga yarasha jazolanadi. "…Ahmadning jog'asidan g'ippa bo'g'ib oldi, bo'lgan voqeani aniq bildi, Ahmadning boshiga musht soldi, bo'ynigacha yerga kirib ketdi".[62]

---

[61] Очилов Н. Бахшичилик санъати ва эпик репертуар. – Тошкент: Фан, 2020. Б. 57.
[62] "Malla savdogar". Doston. Aytuvchi Qahhor baxshi Rahimov. Yozib oluvchi A. Ergashev. Arxiv materiali.

Ushbu dostondagi asosiy konflikt Avazxon bilan Ahmad qari o'rtasida kechadi. Qahhor baxshining an'analar zamirida shakllangan individual ijodi asosida Avazxon mukammal obraz darajasiga ko'tarilgan. Buni biz Avazning dushmanlar bilan bo'lgan jangdagi mahoratida, Go'ro'g'li Chambil boshqaruvini bermoqchi bo'lganida hukmronlikni rad etishida kuzatishimiz mumkin.

"Malla savdogar" dostonida Avazxon doston voqealarini shiddatli tarzda kuchaytiruvchi bosh obraz hisoblansa ham, uning qahramonligi, shijoati, kurash va intilishlari ot obrazi, ya'ni G'irot yordamida amalga oshiriladi. "Umuman, barcha turkum dostonlarida G'irot jangovar ot sifatida epik qahramonlarning barcha mushkul holatlardan qutqaruvchi, himoya qiluvchi personaj sifatida ishtirok etadi".[63]

"Otning qahramonni himoya qilishi dostonlar uchun shunchaki tasodifiy holat hisoblanmasdan, balki xalqning otga bo'lgan e'tiqodiy qarashlarining mifopoetik talqini hisoblanadi".[64] "Epik asarlarda qadimiy mifologik

---
[63] Очилов Н. Бахшичилик санъати ва эпик репертуар. – Тошкент: Фан, 2020. Б.63.
[64] Очилов Н. Бахшичилик санъати ва эпик репертуар. – Тошкент: Фан, 2020. Б.63.

ot obrazlarining izlari ham ko'zga tashlanib turadi. Qadimiy diniy e'tiqodlar va miflarni hisobga olmasdan o'zbek xalq ertaklari, topishmoqlari va dostonlaridagi ot obrazlarini to'g'ri tushunish va to'g'ri talqin etish mumkin emas... G'irotning irsiy tomoni mahalliy arg'umoq bilan arab oti ekanligi bir qancha yerda qayd etilgani holda uning bobosi, ba'zan otasi suv oti bo'lganligi ta'kidlanadi. G'irot ajdodini yer va suv otidan deb ta'riflash, asosan, "Go'ro'g'li" dostonlari uchun xarakterlidir".[65] Shunday jihati bilan G'irot nafaqat qahramonga yo'ldosh, balki unga kuch-quvvat beruvchi, xafv-xatarni oldindan biluvchi obraz sifatida gavdalantiriladi.

"Malla savdogar" dostonida ham G'irot ko'pkarida zotni olib chiqadi, Shirvon lashkarlari bilan jangda Avazning g'olib bo'lishiga yordam beradi. Qirq kun ko'r bo'lib yotganida yonida sadoqat bilan xizmat qiladi. Go'ro'g'lidan xafa bo'lib Gurjistonga ketayotganida, yo'lni dumi bilan jarlikka aylantiradi va Go'ro'g'lini olib kelib, ota-o'g'il munosabatining tiklanishiga ko'maklashadi. Shuning uchun ham Qahhor baxshi G'irotni o'g'il farzandga qiyoslaydi:

---

[65] Зарифов Х. Ўзбек халк достонларининг тарихий асослари бўйича текширишлар // Пўлкан шоир. Ўзбек халк ижоди бўйича тадкикотлар. 4-китоб. – Тошкент: Фан, 1976. – Б.76.

"Asl hayvon shul ekan,
Oldi-orti koʻl ekan.
Boricha haydayotir,
Hayvon emas, ul ekan"[66]

Dostondagi Hasanxon, Misqol pari, Yunus pari, Goʻroʻgʻlining qirq yigiti, Shodmon, Yusuf, Olloyor, Asad va Asqad mergan, Soqibulbul, Gulnor, Shohdorxon, Oytoʻti kabi obrazlar bosh qahramonning u yoki bu harakatining amalga oshishida ishtirok etgan personajlardir.

Xulosa qilib aytganda, Qahhor baxshi Rahimov ijrosidagi har bir bir obraz bir-birini toʻldirib kelgan. Ularning portreti, harakati va nutqida epik ijodkorning mahorati yaqqol seziladi. Obrazlarga xos boʻlgan muhim xususiyatlar tasvirlanganda, insonlarga xos boʻlgan ayrim xususiyatlar boshqa jonzotlar, xususan, otlarga koʻchirilgan. Buni biz Gʻirot obrazi misolida kuzatishimiz mumkin. Dostonda Ahmad qari obrazining salbiy xususiyatlarini ifodalash uchun unga "Chambilning tulkisi" sifatining berilishi ham ijodkorning doston ijrosida obrazlarni tasvirlashda oʻziga xos yondashuvini koʻrsatadi.

---

[66] Oʻsha doston.

QUTLIBEKA RAHIMBOYEVA SHE'RIYATIDA AYOL RUHIYATINING METAFORIK TALQINI

Annotatsiya. Maqolada tropning ko'p qo'llaniluvchi turi istiora xususida so'z yuritilib, tashbeh san'ati va istiora o'rtasidagi umumiy va farqlanuvchi jihatlarga e'tibor qaratilgan. Istioraning turlari haqida ma'lumot berilgan. Bu terminga sinonim bo'lgan metafora atamasidan keng foydalanilgan. O'ziga xos metaforalar yarata olgan shoira Qutlibeka Rahimboyeva she'rlari maqolaning asosi sifatida o'rganilgan. Shoira she'riyatidagi metaforik birikma va bandlar tahlil qilingan. Ruhiyatni tasvirlash va his-tuyg'uni ifodalashda metaforaning ahamiyati to'g'risida mulohazalar bildirilgan.

Kalit so'zlar. Trop, she'riyat, majoz, istiora, metafora, tashbeh, tashbehi kinoyat, lirik "men", poetik mahorat, estetik ta'sir.

Badiiy adabiyotda, xususan, she'riyatda so'zlar ijodkorning poetik mahorati, o'ziga xosligini ko'rsatish va nutqning ta'sirchanligini oshirish maqsadida asil ma'nosidan tashqari, ko'chma ma'noda ham ifodalanadi. O'zbek adabiyotshunosligida bunday so'zlar umumiy ma'noda trop (yunoncha ko'chim) yoki ko'chim deb nomlangan. Adabiyotshunoslar D.Quronov va T.Boboyevlarning fikricha, poetik ko'chimning eng ko'p qo'llaniluvchi turi istiora – metaforadir. D.Quronov bu ikki terminning sinonim sifatida qo'llanishini alohida ta'kidlagan. Atoulloh Husayniy "Badoyi' us-sanoyi" asarida nomi keltirilgan ko'chim turiga quyidagicha ta'rif bergan: "Istiora majozning bir nav'idur va majoz haqiqatning ziddidur. Haqiqat lafzni o'z yasog'i, ya'ni nimani mo'ljallab yasag'an bo'lsalar, o'shul ma'noda qo'llamoqtin iborattur. Majoz lafzni o'z yasog'idin o'zga ma'noda yasog'-u lafz-u o'shul ma'no orasindagi biror aloqa-yu munosabatqa asoslanaroq qo'llamoqtin iborattur, o'z yasog'ida tushunmakka moni' bo'lguchi jumladoshini keltirmak sharti bila". Fitrat ham istiora xususida to'xtalib shunday deydi: "Bir so'zning o'z ma'nosidan boshqa bir ma'no uchun ishlatilmakidir. Shul shart bilankim, u so'zning o'z ma'nosi bilan yangi ma'nosi orasida bir turli o'xshashlik bo'lsun: Ko'chada juda botur bir yigit bilan gaplashib qaytg'an kishi *Bukun men bir arslon bilan gaplashib qaytdim*, desa uning bu aytg'anida istiora bordir. Chunki, arslon so'zida o'z ma'nosi emas, orada o'xshatish borlig'i uchun botur yigit onglashilur". Ta'riflardan ma'lumki, narsa-hodisalar orasidagi o'xshashlik asosida ma'no ko'chish usuliga metafora deyiladi. Shu o'rinda istiora bilan ikki narsani bir-biriga o'xshatish natijasida yuzaga chiqadigan tashbeh san'atining qanday farqi bor, degan savol tug'ilishi tabiiy. Chindan ham, bu ikki san'atning asosiy omili qiyos va o'xshashlik. Shu sababli qadimdan istiora, ya'ni metaforani "qisqartirilgan tashbeh" yoki tashbehni "yoyiq metafora" deb atash urf bo'lgan. Antik davr yunon faylasufi Arastu ham metafora va tashbehni bir narsa deb izohlagan. "Faqat, uning fikricha, tashbeh kamroq yoqadi, chunki u uzunroq (ya'ni ko'p so'z bilan ifodalanadi) va "mana bu-o'sha" deya tasdiqlamaydi. Bundan ko'rinadiki, Arastu metaforaning estetik ta'sir mexanizmiga xos muhim jihatga e'tiborni qaratadi: ikkita obyekt bir-biriga ochiq o'xshatilganidan ko'ra yashirin o'xshatishning estetik samarasi kuchliroq deb biladi. Arastu tashbeh bilan metafora funksional jihatdan teng degani bilan bu fikrda qat'iy emas, shuning uchun ham darhol qiyosda metaforaning ustun jihatlarini sanashga o'tadi. Sharq mumtoz adabiyotshunosligida ham tashbeh va istiora orasidagi yaqinlikka e'tibor qaratilgan. Atoulloh Husayniy Arastudan farqli o'laroq, istiora va tashbehni bir narsa demaydi. Faqat tashbehning bir turi – tarkibida birgina mushabbihun bih ishtirok etuvchi tashbehi kinoyatni mohiyatan istiora deb biladi"[67]. Atoulloh Husayniyning "Badoyi'u – s – sanoyi" asarida keltirilishicha: "Tashbihi kinoyat andin iboratturkim, so'zlaguchi o'z ko'nglida bir nimani bir nimaga tashbih qilur va kalomda tashbih odotin keltirmas va mushabbahni mushabbah bih lafzi bila ta'bir etar". Demak, yuqoridagi ta'rifga ko'ra, tashbehi kinoyatda to'rt juzvning uchtasi – mushabbah, vajhi shibh, odoti tashbeh, ya'ni o'xshatilayotgan narsa, o'xshatilish sababi va o'xshatish vositasi ishlatilmaydi, o'xshatilayotgan narsaning ma'nosini mushabbihun bih – o'xshayotgan narsa ifodalaydi. Bu xususiyatni ochiq istiorada kuzatish mumkin. Istioraning yana bir ko'rinishi belgi-xislatlarni izohlash vositasida yuzaga chiqqanligi bois istioraviy sifatlash deb yuritiladi. Tashbeh san'atida ham o'xshayotgan yoki

---

[67] Karimov O.Y. Abdulla Oripov she'riyatida metaforik obrazlar tizimi: Filol. fanlari nomz. disser. – Toshkent, 2012. – B.18.

o'xshatilayotgan predmet oldidan uning sifatini keltirsa bo'ladi. Ammo yopiq istiora bu ikki umumiylikdan farqli o'laroq, tashbehi kinoyatga o'xshamaydi. Fitrat shunday deydi: "Yopiq istiorada o'xshatilg'an o'rnida o'xshag'an qoldiriladir-da, o'xshatilg'anning ba'zi hollari bunga taqiladir". Jumlani quyidagicha tushunish mumkin: "Ochiq istiora yoki tashbehi kinoyatda o'xshayotgan narsadan foydalanilsa, yopiq istiorada o'xshatilayotgan narsadan foydalaniladi". Qolaversa, istioraning izofali birikma shaklidagi turi ham mavjud. Fitratning yozishicha, uni hosil qilish uchun "... "o'xshag'an" bilan "o'xshatilg'an"ni yondashtirib qo'yamiz. Go'yo o'xshatilg'an qarashliq bir narsa ekan kabi ikisidan bir qarash uyushmasi (izofiy jumla) yasaymiz: inqilob quyoshi, umid yulduzi kabi..."[68]. Agar istiorani mohiyatan tashbehning bir turi deb qarasak, qaratqich-qaralmish shaklidagi va yopiq istioraga xos xususiyatlar tashbehi kinoyatda ham, tashbehning boshqa turlarida ham uchramaydi. Fikrimizcha, istiora tashbeh tarkibidan ajralib chiqqan ko'chimning

---

[68] Abdurauf Fitrat. Tanlangan asarlar. IV jild. – T.: Ma'naviyat, 2006. – 336 b.

alohida turi sifatida baholanishi kerak. Biz ushbu maqolada istioraga m'nodosh metafora terminidan foydalanishni lozim topdik. Metafora aksariyat hollarda bir so'z doirasida emas, birikma yoki to'liq gap shaklida voqelanadi. Bu esa ijodkor tuyg'ularini yorqin ifodalash, ruhiyatni anglatish va hissiy ta'sirchanlikni oshirish uchun muhim omil bo'lib xizmat qiladi. Qutlibeka Rahimboyevaning she'riyati nafis metaforik tabiatga egaligi, original topilmalarga boyligi bilan ajralib turadi. Shoiraning "Xayol" she'rida lirik "men" qalbidagi nozik kechinmalar o'zgacha ifodalangan:

Keling, atirguldan yasab gulqayiq,
Xayol dengizida suza boshlaymiz.
Bir orol topamiz ko'ngilga loyiq,
Ichdagi dardlarni izga tashlaymiz.
Goh "Gulyor", goh "Girya" – qo'shiq qilamiz,
Yaproq lahjasida, qush lahjasida.
Yuraklarni fonus qilib ilamiz,
Yulduz tokchasiga, oy tokchasiga.[69]

---

[69] Qutlibeka. Qorako'zlarim: She'rlar, tarjimalar. – T.: "Adib" nashriyoti, 2012. – B.43.

She'r ilk misrasidanoq kishiga yoqimli tasavvurni uyg'otadi. Atirgul qayiq yasashga mo'ljallangan yog'och, metall yoki boshqa jismga shunday mahorat bilan o'xshatilganki, natijada gulqayiq tasvirini butun qalbimiz bilan his qilamiz. Xayol dengizi, ko'ngilga loyiq orol, yaproq va qush lahjasidagi qo'shiqlar, yulduz hamda oy tokchasiga ilingan yurak-fonuslar ichkaridagi dardlarni unuttirishi ayon. Bu metaforalarning har birida ayol va go'zal ishq tushunchalari yonma-yon kelayotganday tuyuladi.

Shoiraning boshqa she'rida esa nozik xilqat vakilasining tengsiz sadoqatini kuzatish mumkin:

Ajal yengsa, ikki yuzi qoradirman,
Yo'qlab-yo'qlab qora toshni yoradirman,
Ko'kka uchsam, yerda qolar deb o'ylama,
Suyagimdan narvon yasab, boradurman.
Kumushlangan sochlaringni silayman men.[70]

Suyakdan narvon, atirguldan esa gulqayiq yasash hammaga ham xos emas. Bu kabi topilmalar faqatgina yaratuvchan, ruhiyati baland ijodkorning ko'ngil olamida aks etadi.

Qutlibeka Rahimboyevaning "Siz" deb nomlangan biografik she'ri o'ta samimiy tuyg'ularga yo'g'rilgan. U ikki qismdan iborat

---

[70] Yuqoridagi kitob. B.45.

bo'lib, birinchi qismida sarlavhadan so'ng *"Sevgi ila sizga bag'ishladim"* jumlasi keltirilgan:

Shu dam mendan topdingiz ogoh,
/Men shu damning bo'lay cho'risi/.
Malham berdi og'ritgan Olloh,

Qochdi g'amning yovuz bo'risi.[71]

Inson hayotida goh xursandchilik lahzalar, goh "g'amning yovuz bo'risi" "hujum qilgan" paytlar bo'ladi. G'amni qorong'i o'rmon deb tasavvur qilsak, uning zulmatidan lirik subyektning ko'ngli siqilishi tayin. Boz ustiga, yurakning o'rmondagi yirtqich bo'riga yem bo'lish ehtimoli metaforik tasvirning ta'sir kuchini yanada oshirgan. Bunday hujumlarni yengmoq uchun har qanday insonga, ayniqsa, ayol zotiga "bir cho'g'chalik" bo'lsa-da mehr zarur.

Shoira she'riyatida nafislik, poklik, hayrat, zavq, samimiylik, go'zallikka oshnolik kabi hislar bilan bir qatorda, odillik, shijoat, qat'iyatni olqishlash va dushmanga nafrat tuyg'ulari aks etgan metaforik she'rlar ham mavjud. Quyidagi "Raddiya" ga e'tibor qaratamiz:

Tarvaqaylab yotar dilimda

---
[71] Qutlibeka. Ozodlik: She'rlar. – T.: "Yozuvchi", 1997. – B.14.

Ular ekkan xo'rlik yantog'i.
Tiz cho'ksangiz, yolvorsangiz ham
Bu la'nati yantoq ustida
Ochilmaydi Mehr – qaysar gul
Do'stlashmayman, ovvora bo'lmang![72]

Tarvaqaylab yotgan xo'rlik yantog'i – bu o'tkir nigoh va chuqur tafakkur bilan yaratilgan topilma. Sababi shoira dilidagi xo'rlikni yantoqqa emas, boshqa bir o'simlikka o'xshatishi ham mumkin edi. Nega aynan xo'rlik alami yantoqqa ko'chdi? Chunki u qattiq tikanlarga ega, cho'llarda o'sadigan ko'p yillik begona o't. Yantoqning ildizi juda kuchli rivojlangan.

Demak, lirik subyektning qalbi avval cho'lga aylantirilgan, uning zilol suvi – erki olib qo'yilgan. Tag'in ko'p yillik xo'rlik yantog'i ham ekilgan. Endi u "o'shalar" bilan go'yo hech narsa ro'y bermagandek, do'stlashib keta olmaydi. Lirik "men" ning tabiat atalmish chin do'sti bor. Shuning uchun orzu-umidlarini u bilan baham ko'radi:

O'zgarishga qodir bu so'zni
Ayt, tabiat – eshittir haqni.
Turg'iz, yirtiq sabr ko'ylagin
Yana yamab o'tirgan xalqni![73]

---

[72] Yuqoridagi kitob. B.8.

Shoira xalqning sabr ko'ylagini yamashi foydasiz ekanligini yaxshi biladi. Sababi, u bir vaqtlar "yamoq bilan ko'nglini butlashga" uringan:

Ko'nglim hanuz siniq, hanuz bitmadi,
Hasrat, sevinchlarim – mayda, maydadir.
Yamadim, butlashga yamoq yetmadi,
(Ko'nglimday bir ko'ngil yana qaydadir.)[74]

Ko'ngilning sinishi, mayda-mayda bo'lishini an'anaga aylangan metafora desa bo'ladi. Ammo yamashga harakat va butlashga yamoqning yetmasligi, nazarimizda, Qutlibeka Rahimboyevaga xos metaforik yondashuv. Shoira yuqoridagi band so'nggida ko'ngli kabi bir ko'ngilni axtarayotganini aytadi va uni topadi ham:

Yig'layver ko'zingga tutay hovuchim,
Yo'q, yoshing yo'liga yoydim jonimni.
Axir, tilik-tilik mening ham ichim,
Tilik-tilik ko'rib Turkistonimni.[75]

"Halima opamga" deya epigraf qo'yilgan bu she'rda Qutlibekaning ko'ngildoshi u singari vatan baxtini o'ylagan yuksak qalb sohibasi

---

[73] Yuqoridagi kitob. B.36.
[74] Yuqoridagi kitob. B.23.
[75] Qutlibeka. Qorako'zlarim: She'rlar, tarjimalar. – T.: "Adib" nashriyoti, 2012. – B.59.

ekanligini anglash mumkin. Shu boisdan lirik "men" dildoshining ko'z yoshlari to'kiladigan yo'lga jonini yoyib qo'ygan. "Yoymoq" so'zining "To'shamoq" degan ma'nosi borligini hisobga olsak, banddagi jon gilam yoki to'shashga mo'ljallangan boshqa predmetga o'xshatilgan. Shoiraning lirik qahramoni ozodlikni shu qadar intiq bo'lib kutganki, uni hatto o'z jismiga ishonib topshirib qo'ymaydi:

Hamon oromingning suvrati yostiq,
Tonggi tushlaringdan anqir yog' isi.
Boshing xitob emas, nuqtadir – tasdiq,
So'qmog'ing so'qmoqmas, chiziqning izi.[76]

Oromning suvrati, tushlardan kelayotgan yog' isi – tuyg'ular darajasini mufassal ko'rsatuvchi metaforalar. Keltirilgan she'rdan ayonki, ijodkor lirik "men"i hurriyat yo'lidagi mashaqqatlarni qalban his qilgan. Qodiriy va Cho'lponlar boshiga tushgan chirkin adolatsizlardan g'amga botgan. Shuning uchun ham u erkni jismga ishonib topshirishga qo'rqadi. Chunki uzoq kutilgan bunday kunlar har qachon ardoqlanish, qizg'onishga arziydi. Erkni qadrlash, xalq dardi deb yashash, o'zgalar dardini

---

[76] Yuqoridagi kitob. B.57.

o'zinikidan ustun qo'yish tushunchalari Qutlibeka Rahimboyeva she'riyatining bosh mohiyatidir.

Xulosa sifatida aytish mumkinki, Qutlibeka Rahimboyeva she'riyatini shoirona nigoh bilan topilgan "mag'zi to'q" metaforalar bezab turadi. Ko'rib o'tganlarimiz ulardan ba'zi namunalar bo'lib, shoiraning har bir she'rida turlicha metaforik birikma yoki baytlarni uchratish mumkin. E'tiborli jihati esa, ijodkor lirik "men"i metaforalar ichida tinmay harakat qiladi. Goh atirguldan qayiq, suyakdan narvon yasaydi, goh singan ko'nglini yamoq bilan butlashga urinadi, goh ko'z yoshning yo'liga jonini to'shaydi. Bu kabi topilmalarda shoiraga xos izlanuvchanlik, yaratuvchanlik, fidoyilik kabi fazilatlardan tashqari, ayol xilqati, ayniqsa, umumo'zbek ayolining qalb kechinmalari, ruhiy manzarasi yaqqol aks ettirilgan. Qutlibeka Rahimboyeva she'riyatida shoiraning poetik mahorati tufayli an'anaviy metaforalar ham yangicha ruh kashf eta olgan. Qolaversa, bir predmetning xususiyati boshqa predmetga shu qadar jonli ko'chirilganki, gulqayiqni o'ylaganimizda, guldastaga monand chiroyli manzara, narvonni tasavvur qilganimizda esa suyak rangiga o'xshash yangi yog'och tasviri ko'z oldimizda aniq gavdalanadi. Shoira she'rlaridagi bunday metaforik tabiat hozirgi o'zbek she'riyatining rivoji uchun muhim ahamiyat kasb etadi.

"QISHNING OXIRLARI" DOSTONIDA FOLKLORIZMLAR

Annotatsiya. Mazkur maqolada Qutlibeka Rahimboyeva she'riyatidagi "Qishning oxirlari" dostonida mavjud folklorizmlar o'rganilgan. Oddiy va murakkab folklorizmlarning har bir tipi izohlanib, asar tarkibidagi namunalar tur va tiplar bo'yicha tasnif qilingan. Har bir folklorizmning g'oyaviy-badiiy maqsadi, she'rdagi ahamiyati xususida mulohazalar bayon etilgan.

Tayanch so'zlar. Folklor, yozma adabiyot, doston, oddiy va murakkab folklorizm, maqol, matal, iboralar, analitik, sintezlashgan, stilizatsiya xarakteridagi folklorizm.

Folklorning boy merosidan ijodiy foydalanish badiiy adabiyotning muhim xususiyatlaridan biri sanaladi. Zero, xalqning milliy taraqqiyoti, ma'naviy yuksalishi va ijtimoiy hayotida ming yilliklar aks etgan folklor asarlarining o'rni beqiyos. Adabiyotshunos U.Jo'raqulov to'g'ri ta'kidlaganidek, nafaqat milliy adabiyotimizda, balki jahon adabiyotida ham, so'z san'atidagi evrilishlar uch omil negizida ro'y bergan – folklor, mumtoz yozma adabiyot va zamonaviy dunyo adabiyoti tutashgan nuqtada yangi adabiy voqelik yuz ko'rsatgan. Shu sababli hozirgi o'zbek adabiyotini ham xalq og'zaki ijodidan uzilgan holda tasavvur etib bo'lmaydi. Folklor va adabiyot munosabati masalasini tahlil qilgan folklorshunos B.Sarimsoqov ular o'rtasida xarakter jihatidan ikki xil aloqadorlik usuli borligini aytadi hamda "folklor" va "folklorizm" tushunchalarini farqlab shunday deydi: "Folklor mustaqil san'at turi sifatida o'ziga xos tabiiy ijodiy akt, jonli yashash va ommalashish tarziga ega. Binobarin, bunday tipologik ijod turi o'z-o'zidan professional san'atning boshqa turlari bilan munosabatga kirisha olmaydi. Uning ijod mahsulidan professional ijodkor o'z maqsadi, qiziqishi va bilim doirasiga yarasha foydalanadi. Demak, biror ijodkor asariga biror maqsad bilan kiritilgan folklorga xos barcha materialni folklor deb emas, balki folklorizm atamasi bilan yuritish lozim, chunki unga ijodkor tomonidan muayyan bir "ishlov" berilgan bo'ladi". Olim folklorizmlarni struktura va badiiy asar to'qimasida bajargan funksiyasiga ko'ra, oddiy va murakkab folklorizmlarga ajratadi. Oddiy folklorizmlar yozuvchi yoki shoir ijodida xalq maqol va matallari, yumuq iboralari, og'zaki nutq uchun xos ifoda hamda oborotlarning qo'llanilishidan tashkil topsa, murakkab folklorizmlar, o'z navbatida, uch tipga – analitik, sintezlashgan va stilizatsiya xarakteridagi folklorizmlarga bo'linadi.

Og'zaki ijodiyotni xalqning bebaho mulki deb bilgan Qutlibeka Rahimboyeva she'riyatida ko'plab folklorizm namunalarini uchratish mumkin. Ayniqsa, shoira qalamiga mansub "Qishning oxirlari" dostonida bu hodisa yaqqol kuzatiladi. Unda xalq maqol, matal va iboralari, og'zaki nutqqa xos ifodalar, shevaga oid so'zlardan keng miqyosda unumli foydalanilgan. Shu sababli murakkab folklorizm tiplarini izohlashdan oldin, dostondagi oddiy folklorizmlarga e'tibor qaratishni lozim topdik.

"Qishning oxirlari" dostoni kirish qismi va yettita xatdan iborat. Dostonda o'tgan asrning 80-yillarida xalqimiz boshiga tushgan, "O'zbeklar ishi" deb nom olgan mustamlaka davrining ayanchli fojealari tasvirlangan. Ushbu asar 1986-yilning yanvar-dekabr oyida, bir yil davomida yaratilgan bo'lib, o'sha sinovli yillarning zahmati, paxta dalalaridagi og'ir mehnat, yurtga va yurtdoshlarga xiyonat, yolg'on va bo'xton shoira qalbini chuqur iztirobga solgan. Lirik "men" har qanday vaziyatda ham vatanni, vatanparvarlikni olqishlaydi. Dostonning kirish qismida aks etgan quyidagi maqol asarning butun g'oyasini o'zida jamlagan, deyish mumkin:

"O'z uyimiz – o'lan to'shak" desangiz agar
Sovuq qishni mo'jizaday yashamoq uchun
Axir, ona, shu yerda ham topilar imkon...[77]

O'zbek xalq folklorining maxsus turi tarkibiga kiruvchi "O'z uying – o'lan to'shaging" maqoli she'rning ritmik-intonatsion qurilishini ta'minlash uchun qisman o'zgargan holda qo'llanilgan. "O'lan" so'zining xalq og'zaki ijodida, to'y yoki boshqa marosimlarda ijro etiladigan qo'shiq ma'nosidan tashqari, o't, maysa kabi ma'nolari ham bor. O'zga yerning dur-u gavhari tug'ilgan yerning maysadan qilingan to'shagiga teng kela olmasligi, insoniyat o'z yurtida tuygan xotirjamlikni boshqa yurtda his

---

[77] Qutlibeka Rahimboyeva. Uyg'onish fasli: She'rlar, doston. – Toshkent:"Yosh gvardiya", 1989. – B.39.

qila olmasligi tarixda yuz bergan turli hodisalar tufayli bizga ma'lum.

Xalq orasida ko'pchilik yoki kuchlilar tomonidan ma'qullangan ishga qarshi chiqishning imkoni yo'qligi, imkon tug'ilsa ham bu yo'lda natijaga erishmoq mushkul ekanligi haqida aytilgan maqollar ancha. Ulardan biri dostondagi Norgulning bolaligiga atalgan ikkinchi xatda quyidagicha keltiriladi:

Topilmadi rayonda hech menga qayishgich.
Yuragimni ochib ko'rdim bir-ikkoviga.
Yoshullimiz ularga ham imlab qo'yganmi,
"Oqqan daryo bilan oqqan yaxshi", – deyishdi.[78]

"Murosa yo'lini tanlash" ma'nosidagi "Oqqan daryo bilan oqqan yaxshi" maqoli "Oqimga qarshi suzib bo'lmaydi", "Ko'pning yomoni bo'lma" kabi qator sinonimlarga boy. Dostonda rahbarlar himoyasida bo'lgan raykomning kolxoz raisi Norgulga o'tkazgan tazyiqi, ayolning chorasiz vaziyati birgina maqol orqali batafsil ochib berilgan. Parchadagi "Yoshullimiz" so'zi Xorazm shevasiga xos bo'lib, "Katta yoshli, yoshi ulug', mo'tabar kishi" ma'nolarini bildiradi. She'r mazmuniga e'tibor

---
[78] O'sha kitob. B.51.

qilinganda bu so'zdan kinoya tarzida, ya'ni raykomning yoshiga emas, lavozimiga ishora sifatida foydalanilgani ma'lum bo'ladi.

XX asrning 70-80-yillari o'zbek she'riyatidagi folklorizmlarni tadqiq qilgan L.Sharipovaning fikricha, oddiy folklorizmlarning ayricha jihatlaridan biri shuki, u ruju san'ati bilan yonma-yon keltirilib, go'yo maqol ma'nosi inkor qilinadi va shu orqali ifodalanayotgan mazmun yanada boyitiladi. Qutlibekaning muallimlarga yo'llangan to'rtinchi xatida maqolning ma'nosi inkor qilinmagan. Ammo zid ma'noli so'z qo'llanilib, lirik "men" kechinmalarini kuchliroq namoyon bo'lishiga xizmat qilgan. Dostondan olingan parchaga e'tibor qaratamiz.

Cho'pga qoqilasiz qoqilsangiz ham,
Yer – yumshoq. Ko'nglingiz tutavering to'q.
Yelkangizni qismay tashlaysiz qadam...
Chunki pana joydan mo'ljal olmas o'q.[79]

Xalqimiz orasida "Osmon – yiroq, yer – qattiq, O'lay desang jon qattiq" degan maqol bor. Ko'pincha bu maqolning ikkinchi qismi tushib qolib, faqat birinchi qismigina aytiladi. Nazarimizda, buning boisi aytilish jihatidan qulaylik bo'lsa, boshqa tomondan ilojsizlik

---
[79] O'sha kitob. B.56.

holatini ifodalash uchun maqolning birinchi qismi yetarlicha xizmat qiladi. Yuqoridagi parchada esa she'r talabi va shoira ko'zlagan badiiy-g'oyaviy maqsadga ko'ra maqoldagi birinchi qismning yarmidan foydalanilgan. Maqolning "qattiq" so'zi antonimi bilan o'zgartirilishida yana bir muhim jihat yashiringanki, Qutlibeka bu orqali tuzum yolg'onlarini, odamlarga aldov yo'li bilan singdirilgan mafkurani ko'rsatmoqchi bo'lgan. Zero, tafakkur ko'zi bilan qaralganda ham, yerning qattiqligi haqiqat. Uni yumshoq deya ta'riflash yolg'ondan boshqa narsa emas.

Yolg'on bo'y cho'zgan joyda adolat, tenglik kabi haqqoniy munosabatlarga o'rin qolmaydi. Bunday paytlarda kimdir mashaqqat chekib mehnat qiladi-yu, shu mehnatning rohatini boshqasi ko'radi. "Beli og'rimaganning non yeyishini ko'r", "Og'rimagan quloqqa oltin sirg'a" yoki "Suv keltirgan xor, ko'za sindirgan aziz" kabi maqollar shunday vaziyatlar negizida paydo bo'lgan, deyish mumkin. "Qishning oxirlari" dostonida yuqorida sanalgan maqollardan biri kengaytirilgan shaklda ifodalangan.

Suvni keltirganning qondirmay cho'lin,
Ko'za sindirganga tutishganday suv,

Birov qaymoq yeydi, biz tortib yelin,
Tenglik, tenglik deymiz. Tenglikmi yo shu?![80]

Parchada izoh sifatida kelgan uchinchi misra va ritorik savol bo'lib jaranglagan oxirgi misra lirik "men" qalbidagi og'ir iztiroblarni maqolga hamohang tarzda namoyon etgan. Shoirani qiynagan dardlar o'ziniki emas, eldoshlarining tashvishlari, azoblari hamda "sho'r qismat" Norgulning alamlari. Qutlibeka hamqishloqlaridan uzr so'rarkan, "Paxta ishi" sababli turmushi buzilgan, hayoti izdan chiqqan, el oldida hurmati yo'qolgan Norgulni yana bir bor eslab o'tadi:

"Ana u...ayrilib bosh panohidan
Qoldi shamollarning chorrahasida.
Ana, pana topib yolg'on chohidan
Gul deb tikan bosar jarohatiga".[81]

O'zbek folklori tarkibida xato ishni qilgandan keyin uning badali to'lanishi haqida aytilgan, ogohlikka chaqiruv mazmunidagi maqollar ham talaygina. Shulardan biri "Bilmayin bosdim tikonni, tortadirman jabrini" maqoli. Bunda hukm va xulosa aniq ifodalangan. Demak, xato ishning, noto'g'ri amalning jazosi bo'lishi

---

[80] O'sha kitob. B.68.
[81] O'sha kitob. B.69.

tayin. Shoira yuqoridagi bandning oxirgi misrasida ushbu maqol mazmunidan kelib chiqib, yangicha ma'no yaratgan, ya'ni Norgul xiyonat tufayli eldoshlari nafratiga duchor bo'lsa-da, o'zini o'zi aldashda davom etyapti. Qilmishlaridan saboq chiqarmay, tikan bo'lgan xatoliklarni hali hamon gul deb, to'g'ri deb o'ylayapti. Dostonda Norgulning rais bo'lganiga suyungan ona tilidan "Qonimiz bir, ikki etar nonimiz" maqoli, "paxta razbori" voqealari eslanganda Norgulning tilidan aytilgan "Yer qattiq bo'lsa, ho'kiz ho'kizdan ko'radi" matali kabi folklorizmlar ham asar syujetida muhim o'rin tutgan. Bulardan tashqari, "Beshni besh dedik, o'nni o'n dedik", "Qora kiymay yig'ladi", "Qora kunda qochdi, demasin", "O'ti bilan kirib, kuli bilan chiqardi", "Boshimni silamaydi", "Ne sababdan misqol-misqol yig'gan obro'ying, qorishtirib qo'yding ekan qora yer bilan", "Azaldan ham ko'ngli siniq edi Norgulning", "Yomon toydi, yomonlarga qo'shilib toydi", "Ko'zlari ko'r", "Tillari uzun", "Kimga qora yuqsa, undan nari qochar", "Bir paytlari gadoy boqmas g'arib joy edi", "Uni songa kiritguncha, ko'zim ko'karib, To'qqiz yillab ona sutim og'zimga keldi", "To'g'ri odam maqsadiga to'g'ri yo'l topar", "Eli hamon soyasiga ko'rpacha to'shar", "O'tirgancha qolaverdi rangi sovushib", "Oltmish-yetmish orasida mixlandik – qoldik, Katta-kichik yig'inlarda chaynalaverdik", "U tegramga aylantirib doira chizdi", "Agar aytsam "tuhmatchi" deb surtardi qora", "Suhbatimiz zig'ir yog'day ko'nglimga tekkan", "G'alvirimiz suvdan ko'tardik", "Ne topaman, boshlig'imning etagin ochib", "Yuragimga qil sig'masdan", "Ko'ngilsizlik egiz bo'lar", "Tepa sochi tikka turadi", "Yara gazak olib", "Ip chuvalsa, bitta uchi menga tegardi" kabi misralar va birikmalar tarkibida xalq iboralari, oborotlar va og'zaki nutqqa xos ifodalar qo'llanilganki, bularning barchasi dostonning badiiy-g'oyaviy maqsadini ko'rsatishga, lirik "men" va qahramonlarning ruhiyatini yorqinroq ochib berishga xizmat qilgan. Xalqimiz orasida g'amgin insonning holatini tasvirlash uchun "Ko'ngliga chiroq yoqsa, yorishmaydi" iborasi ishlatiladi. Dostonda shoiraning ijodiy mahorati bilan bu ibora yangi qiyofaga kirgan, ya'ni xursand bo'lish ma'nosini bergan.

Gazetada o'qir edim u haqda tez-tez,
Ko'rar edim kulib tushgan suvratlarini,

Yoqilardi har safari ko'nglimga chiroq.[82]

O'zi chekkan mashaqqatlarni o'zgaga ravo ko'rmaydigan bu elatning og'ir damlar eslanganda "Dushmanimga ham ravo ko'rmayman", "Biz ko'rganlarimizni farzandlarimiz ko'rmasin" kabi duoga aylangan gaplari xalqimiz og'zaki nutqida ko'p uchraydi. Qutlibeka ham "Paxta ishi" fojealari, o'sha davr og'riqlarini avlodlari boshiga tushmasligini xohlab shunday deydi:

"O'zim tugul bolalarim bolasiga ham
Paxta bilan esh taqdirni ravo ko'rmasdim".[83]

Dostonda voqea-hodisalar yuz bergan hududni anglatish maqsadida "Yoshulli (yoshi ulug'), emgak (mehnat), otiz-chel (ekiladigan yer-jo'yak), mirat (taklif) qilmoq, gazib (kezib), yukli (homilador) kelinlar, kiya tutmoq (uvoliga qolmoq)" kabi bir qancha Xorazm shevasiga xos so'zlardan foydalanilgan.

"Qishning oxirlari" dostoni oddiy folklorizmlar bilan bir qatorda, murakkab folklorizmlarni ham o'zida mujassam qilgan, xalqona ruhga to'yingan badiiy boy asardir.

---

[82] O'sha kitob. B.46.
[83] O'sha kitob. B.66.

Ishimizning boshida murakkab folklorizm uch tipga bo'linishini aytgan edik. Dastlabki tip sintezlashgan folklorizm bo'lib, " asarning badiiy to'qimasini, uning g'oyaviy-tematik asoslarini belgilovchi muhim omil hisoblanadi. Shuning uchun ham u ijodkordan folklor janrlarining yetakchi xususiyatlarini, eng muhimi, folklor asarlarining asrlar davomida o'lmasligini ta'minlovchi yetakchi insoniy g'oyalarni to'g'ri ilg'ab olish va ularni o'z davrining muhim muammolari bilan bog'lay olishni talab etadi".[84] Demak, sintezlashgan folklorizmda folklorga xos syujet ijodkor asariga singdirib yuboriladi va ikki syujet bir-biriga qorishib ketadi. "Qishning oxirlari" dostonida hamqishloq qiz Oygulga atalgan uchinchi maktub bir o'lka haqidagi rivoyat bilan boshlanadi. Ammo uning mazmuni asil holida emas, yaqin o'tmishdagi voqealar bilan bog'liq holda hikoya qilinadi. Rivoyatga ko'ra, ulkan bir xonlikdagi bir o'lka aholisi inson insonga qul bo'lmasin deya, xonga qarshi isyonlar ketidan isyon qilarkan.Xon xalqni qanchalik to'ydirib, kiydirib, qo'llarini oltinga to'ldirib

---

[84] Sarimsoqov B. Folklorizmlar tipologiyasiga doir // O'zbek tili va adabiyoti. – 1980. – №4. – B. 37-45.

qo'ymasin,ular hech narsaga sotilmas ekan. Shunda bir oqil bu xalqning hammasi ham ozodlik neligini bilmasligini, ular orasida besho'nta kitob o'qiganlarini yo'q qilsa, xalq sel bosgan olovday o'chib qolishini xonga tushuntiribdi. Bu so'zlar hukmdorga yoqib, ilmli kishilarni badarg'a qilibdi, dorga osibdi. Shundan keyin xalq ham yuvosh tortib qolibdi. Lirik "men" so'zlagan rivoyat yaqin o'tmishdagi qatag'on voqealariga ishora qilgan. Xalqning minglab ziyolilari, xususan, Cho'lpon, Fitrat, Qodiriy, Botu kabi yuksak iste'dod egalari ham qatag'on qurboniga aylangan. Qolaversa, o'tgan asrning 80-yillaridagi "O'zbeklar ishi" yoxud "Paxta ishi" deb nomlangan fojealar qatag'on siyosati o'laroq olib borilgan. Ko'plab kishilar aybsiz jazoga tortilgan. Folklordagi biror syujetni davr voqealari bilan bog'lab badiiy asarga kiritish, ularni sintez qilish ijodkordan yuksak mahorat talab qiladi. "Qishning oxirlari" dostonida bir rivoyat va qatag'on voqealarining umumlashib ketishi shoiraning mahorati va sinchkovligidan dalolatdir.

Murakkab folklorizmning ikkinchi tipi stilizatsiya xarakterida bo'lib, badiiy asarlarda folklor uslubidan foydalanish natijasida yuzaga keladi. Tadqiqotchi L.Sharipova stilizatsion folklorizmlarni janr, motiv, obraz, ritm stilizatsiyasi sifatida to'rtga bo'lib o'rgangan.[85] Folklor janrlarini o'zlashtirib, ularni yozma adabiyotga olib kirish janr stilizatsiyasi hisoblanadi. Xususan, doston og'zaki adabiyotdan stilizatsiya qilingan janrlardan biridir.

Motiv stilizatsiyasi, nomidan anglashilganidek, folklor asarlaridagi va xalq hayoti bilan bog'liq motivlar ta'sirida paydo bo'ladi. "Qishning oxirlari" dostonida folklorning doston, ertak kabi janrlarida uchraydigan safar va maktub yo'llash motivlari bor. She'riy asarda lirik qahramon poytaxt Toshkentdan ota uyiga, olis qishlog'iga yo'l oladi. Onasi bilan suhbat chog'ida dugonasi Norgulning kechirib bo'lmas qilmishlarini eshitadi hamda eshitganlarining sababini aniqlash uchun Norgulning uyiga boradi. Dugonasi aytgan gaplardan g'oyat iztirobga tushgan lirik qahramon xayolan Norgulning bolaligiga, hamqishlog'i Oygulga, muallimlariga, Toshkentdagi unga, eldan chiqqan uch-to'rt botirga va jamiki eldoshlariga maktub yo'llaydi.

---

[85] Sharipova L. XX asrning 70-80-yillar o'zbek she'riyatida folklorizm: Filol fanlari nomzodi...diss. avtoref. – Toshkent, 2008. – B.18.

Doston yakunida lirik qahramon yana poytaxtga qaytadi. Asardagi borish va qaytish harakatlari safar motivini yuzaga keltirgan. O'rganilayotgan she'riy asarda bir qancha obraz stilizatsiyasi mavjud. Go'ro'g'li, Avazxon, baxshi kabi epik obrazlar, kunbotarda yotgan dev kabi mifologik obrazlar shular jumlasidandir. Yozma adabiyotdagi ritm stilizatsiyasi folkloriy ritmika ta'sirida namoyon bo'ladi. Bu jarayonda alliteratsiya, anafora, tarse', takrir, naqorat kabi badiiy ifoda vositalari muhim rol o'ynaydi. "Qishning oxirlari" dostonidagi oltinchi xatda quyidagi band naqorat bo'lib takrorlanib kelgan va o'ziga xos ritmik stilizatsion folklorizmni hosil qilgan:

"Balki inimdirsiz, tengimsiz, balkim,
Lekin og'a deyin, og'alar deyin.
Ko'lmakni qo'zg'atgan shiddatli to'lqin,
Suvning boshlanishi – sog'alar deyin".[86]

Bu naqorat bandda "l" tovushining takroriga asoslangan alliteratsiya ham mavjud bo'lib, u lirik "men" tuyg'ularining ifodasini kuchaytirishga xizmat qilgan. Doston qurilishida bu kabi ritm stilizatsiyasi ko'p o'rinlarda uchraydi.

---
[86] O'sha kitob. B.64.

Murakkab folklorizmning yana bir tipi analitik folklorizm deb nomlanib, "asarning badiiy to'qimasi, uning yetakchi g'oyasi bilan organik birikib keta olmasligi jihatdan xarakterlanadi". [87] Bu tipda ijodkor o'z asariga folklor janrlaridan biror syujet, motiv yoki parcha keltiradi. "Qishning oxirlari" dostonida analitik folklorizm ko'zga tashlanmasa-da, shoira ijodida, xususan, "Boychechagim boylandi" she'rida bu tipning go'zal ifodasini uchratish mumkin. Ammo ushbu maqolaning tadqiqot obyekti "Qishning oxirlari" dostoni bo'lgani uchun shoiraning folklorizmga boy boshqa she'rlari xususidagi mulohazalarga keyingi tadqiqotlarda to'xtalamiz.

Xulosa qilganda, Qutlibeka Rahimboyeva she'riyatida o'zining ijtimoiy pafosi bilan ajralib turadigan "Qishning oxirlari" dostoni 80-yillardagi davr fojeasini bir qancha insonlar taqdiri misolida haqqoniy tasvirlay olgan. Asarda millat dardi xalqona ruhda ta'sirli ifodalangan. Dostonning nomi ham ramziy ma'no kasb etib, shoira bunday iztirobli kunlar tez fursatlarda yakun topishiga hamda ozodlikning bahor bo'lib kirib kelishiga umid bog'lagan.

---

[87] Sarimsoqov B. Folklorizmlar tipologiyasiga doir // O'zbek tili va adabiyoti. – 1980. – №4. – B. 37-45.

Qutlibekaning xalq og'zaki ijodiga murojaati ham bejiz emas. Chunki folklor asarlari xalqning boy tarixi, orzu-umid, intilishlari, buyuk maqsadlarini o'zida mujassam etgan bo'lsa, folklorizmlar mana shu tuyg'ularni yozma adabiyotga olib o'tadi. Ko'rinadiki, dostonda analitik folklorizmdan tashqari, barcha folklorizm tur va tiplariga namunalar uchraydi. Ayniqsa, oddiy folklorizmlar asar qurilishida muhim ahamiyat kasb etgan. Ularni qo'llanilish usuliga ko'ra ikkiga ajratish mumkin: a) shaklan o'zgarishga uchragan folklorizmlar; b) ma'lum qismi tushib qolgan folklorizmlar. Qutlibeka dostonidagi hech bir folklorizm asarda o'z-o'zidan kirib kelmagan. Ularning har biri she'r g'oyasining badiiyligini oshirish, ularni aniq va ixcham ifodalash yoki shoira ruhiyatidagi asil tuyg'ularning tabiiyligini ko'rsatish uchun xizmat qilgan. Xususan, asar tarkibidagi sintezlashgan folklorizm o'quvchini olis va yaqin o'tmish voqealarini umumlashtirib, bugun va kelajak uchun jiddiy xulosalar chiqarishga undaydi.

QUTLIBEKA RAHIMBOYEVA SHE'RIYATINING JANR TABIATI

Annotatsiya. Ushbu maqolada hozirgi o'zbek lirikasidagi janr masalasi xususida fikr yuritilgan. Shuningdek, shoira Qutlibeka Rahimboyeva she'riyatining janr tabiati o'rganilgan. Uning bir qator she'rlari tahlilga tortilib, ijodkorga xos badiiy mahorat va g'oyaviy maqsad haqida mulohazalar berilgan.

Kalit so'zlar. Adabiyot, she'riyat, tur, janr, mazmun, shakl, ijroviy lirika, personajli lirika, meditativ lirika, tavsifiy lirika, peyzaj lirikasi, voqeaband lirika.

Badiiy adabiyotda har bir asar voqelik qay yo'sinda ifodalanganligiga ko'ra epik, lirik yoki dramatik turlarning biriga ajratilib o'rganiladi. Jumladan, epik turda hodisa, lirikada kechinmalar, dramatik asarlarda harakat ustuvorlik qiladi. Asarlarni turlarga bo'lib tahlil qilish adabiyotshunoslik uchun dolzarb bo'lib, bunday tasnif tizimlilikni yuzaga keltiradi. Har bir tur esa ma'lum prinsiplar asosida janrlarga bo'linadi. Xususan, lirik turni janrlarga ajratishda she'rning mazmun hamda shakl xususiyatlari e'tiborga olingan. Adabiyotshunos D.Quronov lirik asarlar janrini belgilashda mazmunga e'tibor qaratish qadimdan mavjud bo'lganligini aytadi. Olim misol tariqasida umumiy belgisi "madh etish, ulug'lash" bo'lgan antik yunonlarning "difiramb", rimliklarning "oda", nasroniylarning "psalom", sharqliklarning "qasida" deb nomlangan janrlarini sanab o'tadi.[88] Shakliga ko'ra janrlarga ajratish o'zbek mumtoz adabiyotida qo'llanilgan. Xususan, g'azal, ruboiy, tuyuq, musammat kabilar bir-biridan bandning tuzilishi, qofiya va vazn xususiyatlari asosida farqlangan.[89]

Hozirgi o'zbek she'riyatida janr masalasida turlicha qarashlar mavjud. Boisi, zamonaviy she'rlarni shaklan ma'lum bir poetik qolipga solib bo'lmaydi. Har bir ijodkorning asari o'ziga xos yondashuvni talab etadi. Ikki tomlik "adabiyot nazariyasi" kitobida "Lirikamizning bugungi janr qiyofasini ko'proq qandaydir qorishiq, eski, "sof janr" talablaridan holi, "universal", sintetik

---

[88] Quronov D. Adabiyot nazariyasi asoslari. – Toshkent: Akademnashr, 2018. – B.391.
[89] Yuqoridagi kitob. B.392.

she'riy shakl"[90] belgilashi keltirilgan. Bu mulohazadan hozirgi o'zbek she'riyatini ma'lum bir janrlar emas, she'riy shakl tashkil qilishi tushuniladi. Ammo adabiyotshunoslik ilmining rivoji uchun lirik asarlarni mushtarak va farqli xususiyatlariga ko'ra tartibga solish ularni teran o'rganishga yordam beradi. Shu jihatdan, hozirgi o'zbek adabiyotida zamonaviy she'rlarni mazmunga asoslanib ishqiy, falsafiy, ijtimoiy, tabiat lirikasi kabi janrlarga ajratish usuli ham keng qo'llanilib kelinmoqda. Ammo bu tasnif avval I.Sultonov, keyinroq esa D.Quronov kabi adabiyotshunoslar tomonidan tanqid qilingan. Olimlarning fikricha, tabiat lirikasi hisoblangan bir she'r vatanparvarlik mazmuni jihatidan siyosiy lirika namunasidan farqlanmasligi mumkin va bunday yondashuvda janr mohiyati buzib tushunilgan bo'lib chiqadi. Adabiyotshunos I.Sultonov va D.Quronovning ushbu mulohazalarini o'rinli. Negaki, shoira Qutlibeka Rahimboyeva qalamiga mansub "Kuzning bir kuni" she'rida kuz tabiati tasvirlangan. Ammo she'r sinchiklab o'qilsa va oxirgi banddagi dehqon obraziga e'tibor qaratilsa, lirik asarda

---

[90] Adabiyot nazariyasi. Ikki tomlik. 2-tom (Adabiy-tarixiy jarayon). – Toshkent: Fan, 1979. – 267 b.

umrning oqar daryo ekanligi to'g'risida falsafiy qarashlar mujassam. Shu o'rinda savol paydo bo'ladi, ushbu she'r mazmuniga ko'ra tasnif qilinsa, tabiat lirikasi hisoblanadimi yoki falsafiy lirika? Bu esa lirik asarni mazmuniga qarab janrlarga ajratish chalkashliklarga olib kelishini isbotlaydi. Adabiyotshunos D.Quronov hozirgi she'riyat janrlari masalasiga alohida to'xtalar ekan, ularni "lirik kechinma subyekti va obyekti nuqtayi nazaridan tasniflash maqsadga muvofiq ekanini" aytadi hamda lirikaning asosiy janrlari sifatida ijroviy, personajli, meditativ va tavsifiy (va uning ko'rinishlari: peyzaj lirikasi, voqeaband lirika) lirikaga ajratadi.[91] Biz maqolada ushbu tasnifdan foydalandik. Ijroviy lirikada "shoir o'zga shaxs ruhiyatiga kiradi, go'yo uning rolini o'ynaydi va asarda uning qalbini suratlantiradi"[92]. Bu janrning o'ziga xos xususiyati shundaki, she'rda ijro etilayotgan "o'zga shaxs" ning kimligi aniq bo'lib, u sarlavha, epigraf, izoh yoki she'r matni ichida ko'rinib turadi.

Qutlibeka Rahimboyevaning 1981-yildan 2012-yilgacha yozilgan she'rlari jamlanib tasnif

---

[91] Quronov D. Adabiyot nazariyasi asoslari. – Toshkent: Akademnashr, 2018. – B.394.
[92] Yuqoridagi kitob. B.386.

qilinganda, shoira she'riyatida ijroviy lirikaga xos yettita she'r aniqlandi. Ularning to'rttasida she'r nomi ("Mayakovskiyning so'nggi so'zlari", "Mohim Bonu iltijosi", "Xonzodabegim", "Haqboy buvaning sodda falsafasi"), ikkitasida sarlavha ostidagi izoh ("Diydor", "Mendan ne istaysan?"), yana birida esa she'rning asosiy matni ("Askar yigitga oq yo'l") kechinma egasi haqida ma'lumot beradi. Shoira she'rlaridagi kechinma egalari, asosan, tarixiy shaxslar hisoblanadi. Bular – Xonzodabegim, Mohimbonu, Mayakovskiy, "Ozod Turkiston" tashkilotining a'zosi degan ayb bilan surgun qilingan xorazmlik o'qimishli ayol – Maryam Sultonmurodova, urushda halok bo'lgan farzandi uchun nola chekayotgan yoxud askar o'g'liga oq yo'l tilab turgan onalar siymosi. "Haqboy buvaning sodda falsafasi" she'ri esa shoiraga zamondosh keksa insonning kechinmalarini o'zida aks ettirgan. E'tibor berilsa, Qutlibeka Rahimboyevaning ijroviy lirikasida ayol qahramonlar yetakchilik qiladi. Bu holat shoiraning ayol zotiga mansub ekanligi bilan xarakterlanadi. Ayniqsa, Maryam Sultonmurodovaning qalbidan o'tgan kechinmalarni shoira juda go'zal ifodalagan:

Yana ne istaysan: yuragimmi bir,

Haqsizliging solgan alam – titrog'i.
Sen undan qo'rqmaysan – bilasan, axir,
Yurak Xudo emas, yo'qdir tayog'i.[93]

She'rda go'dagini qaynonasiga tashlab, sovuq o'lkalarga surgun qilinayotgan najotsiz, ojiza ayolning tushkun vaziyati aniq va ta'sirli ko'rsatilgan. Boisi, shoira ijodkor sifatida o'zgalar dardini chuqur his etadi. Uning personajli she'rlarida ham lirik "men" va o'zga shaxs – personaj munosabatlarining bir-birini to'ldirib kelishi bunga yorqin dalildir.

Personajli she'rlarda lirik subyektdan tashqari, yana bir o'zga shaxs kechinma egasiga aylanadi hamda bunday she'r dialogiklik xususiyatiga ega bo'ladi.[94] Qutlibeka ijodida personajli lirika kam uchraydi. "Chinor bilan suhbatlar" she'ri lirik "men" va Chinor ismli yettinchi sinf o'quvchisi o'rtasida kechgan samimiy muloqotdan iborat. "Olis sadolar" she'rida esa boshiga tushgan ko'rgiliklarga chora izlagan yigit va unga pand-nasihat bergan ona kechinmalari ifoda qilingan. Lirik asarda yigit:

"O'git bermang, bering erk,

---

[93] Qutlibeka. Ko'ksimdagi Tangritog': She'rlar. – T.: "Sharq", 2002. – B.23.
[94] Quronov D. Adabiyot nazariyasi asoslari. – Toshkent: Akademnashr, 2018. – B.387.

O'zga o'lkaga boray.
Barin aytib ko'mak deb
Begonaga yolvoray"
– desa, donishmand ona unga bu harakat mard yigitning, el o'g'lonining ishi emasligini vazminlik bilan tushuntiradi:
"...Yerga ko'mmas pichoqlab,
Yurt yarali deb inson.
Sog'aysin deb quchoqlab,
Ko'tarar quyosh tomon".[95]

Qutlibeka Rahimboyevaning meditativ janrdagi she'rlarida goh ayol qalbining nozik kechinmalari o'ta nafis aks etsa, goh ozodlik istagi yoxud ruhiy illatlarga nafrat hissi o'zgacha shiddat bilan namoyon bo'ladi. Meditativ lirikaning o'ziga xosligi ham shunda. Bu janrda ijodkor kechinmalari, adabiyotshunos D.Quronovning ta'rifi bilan aytganda, doim ham mantiqiy idrok etib bo'lmaydigan, anglash va tushuntirish mushkul bo'lgan tuyg'ular ifodalanadi. Shoiraning "Siz shuncha yaxshisiz", "Siz", "Men" kabi turkum she'rlari lirik meditatsiyaga boyligi bilan alohida ajralib turadi.

---

[95] Qutlibeka Rahimboyeva. Uyg'onish fasli: She'rlar, doston. – Toshkent:"Yosh gvardiya", 1989. – B.18.

Birinchi turkumdagi "Siz kelar kun" she'riga e'tibor qaratamiz:

> *"Gullarday*
> *tilsiz bo'lib uyg'ongim kelyapti shu tongda.*
> *Gullarday*
> *kuchsiz bo'lib uyg'ongim kelyapti shu tongda.*
> *Lekin*
> *undan ham oldin*
> *bundan ham oldin*
> *Gullarday chiroyli bo'lib uyg'ongim kelyapti shu tongda"*.[96]

She'rda lirik "men" qalbidagi sof muhabbat tuyg'usi so'zlar bilan tizilgan. Kechinma egasining gulga o'xshamoqni istashi bejiz emas. Har bir ayol gulni, go'zallikni xush ko'radi. Bu ularning tabiatiga xos. Qolaversa, xalq og'zaki ijodi, mumtoz va zamonaviy adabiyotimizda gul yor va go'zallik ramzi hisoblanadi. Haqiqiy ishq qarshisida tillar sukut qiladi, bunday kezlarda yuraklar so'zlashadi. Hayot tashvishlari bilan ovvora bo'lib, ba'zida o'zining nozik xilqat vakilasi ekanligini unutib qo'ygan ayol muhabbatning kuchi bilan o'zligiga qaytadi. Shu

---

[96] Rahimboyeva Q. Uzun kunduzlar. – Toshkent: Adabiyot va san'at, 1984. – B.25.

sababdan lirik subyekt tilsiz va kuchsiz bo'lib uyg'onishni xohlaydi. Quyidagi she'r esa ayriliq va chorasizlik ichidagi azobli hissiyotdan paydo bo'lgan:

...To'xtaysiz yana bir ko'rgingiz kelib,
Qarog'ingiz suvga cho'kayotgan cho'g'.
Tashlab ketmoqlikka ko'zingiz qiymas,
Olib ketolmaysiz ilojingiz yo'q.[97]

Shoira ikkinchi misrada original tashbeh qo'llagan. Cho'g' o'zidan shu'la taratib turgani kabi qaroqda ham nur bor. U bizga borliqni ko'rsatadi. Suvga cho'kayotgan cho'g'ning zarralari o'chib boraverishini tasavvur qilish qiyin emas. Hajr azobini tuygan ko'ngil ham qaroqni xuddi shunday ko'z yoshli va nursiz qilib qo'yadi.

Adabiyotshunos B.Karimov Qutlibeka Rahimboyeva she'riyatiga munosabat bildirar ekan, uni "...baland shoira, hatto o'zidan balandda turib jaranglatib so'z aytadi" deb ta'riflaydi. Olimning bu mulohazasi shoiraning "Men" turkumidagi "Yupanch" she'riga qarata aytilgan:

O'zimdan balandlab ketaman,

---
[97] Rahimboyeva Q. Uzun kunduzlar. – Toshkent: Adabiyot va san'at, 1984. – B.22.

Ko'nglim yo'l ko'rsatgich devona.
Dunyoni qayg'urib netaman,
Dunyoki – g'alati, begona.[98]

Meditativ lirika namunasi sanalgan bu she'rda lirik subyektning ko'ngil olami to'laligicha aks etgan. Hayotning turli sinovlarini yengib o'tish uchun o'zgadan emas, o'zidan taskin topa olishni hamma ham uddalay olmaydi. Botinidagi yupanchdan kuch olgan lirik "men" o'zini uqubatlarga berib qo'ygisi kelmaydi. Ayni holatni quyidagi she'rda ham kuzatish mumkin:

"Ana Bu kun – egnida janda,
Yem bo'lmayman! Yurak, tez yashir!
Unga also qilmagin banda,
Men uniki emasman, axir!"[99]

Bu kun – erksizlik timsoli. Xayolini ozodlik o'ylari bilan band qilgan lirik qahramon erksiz, adolatsiz kunlarga ko'nib yashashni istamaydi. Bu kunning bosh harfda berilishi va janda kiygan deb tasvirlanishi bejiz emas. Boisi shoira erksizlikning oddiy hol emasligi, u insoniyat uchun ulkan balo ekanligi, egnidagi yirtiq ko'ylak oriyatli millatni uyatga qo'yishi ayonligi haqida ogoh etayotir.

---

[98] Qutlibeka. Qorako'zlarim: She'rlar, tarjimalar. – T.: "Adib" nashriyoti, 2012. – B.41.
[99] Qutlibeka. Ozodlik: She'rlar. – T.: "Yozuvchi", 1997. – B.6.

Qutlibeka Rahimboyeva she'riyatida tavsifiy lirika namunalari ham keng o'rin olgan. Bu janrda "shoir o'zi tavsiflayotgan yoki tasvirlayotgan narsa-hodisalar, hayotiy holat, tabiat manzaralarida his-kechinmalarini, o'y-fikrlarini suratlantiradi".[100] Shunga ko'ra u o'z tarkibida peyzaj lirikasi va voqeaband lirika deb nomlangan janrlarga bo'linadi. "Adabiyotshunoslik lug'ati" kitobida peyzaj lirikasiga shunday ta'rif berilgan: "…lirik subyektning his-tuyg'u va kechinmalari tabiat tasviri orqali ifodalangan asarlar. Peyzaj lirikasida tasvirlangan tabiat manzarasida lirik subyekt qalbi suratlanadi, lirik subyekt qalbidan o'tkazib berilgan manzara oniy kayfiyatning obraziga aylanadi. Shu ma'noda, peyzaj lirikasida tabiatni tasvirlash maqsad emas, balki bir vositadir".[101] Bu mulohazani anglash uchun parchaga e'tibor qaratamiz. Shoiraning "Qorli tong xayoli" she'rida teraklar yigitlarga, keng sayhonlikdagi qor uyumlari otlarga o'xshatiladi:

Mo'jiza yuz bergan:
Teraklar – alpqomat yigitlar

---

[100] Quronov D. Adabiyot nazariyasi asoslari. – Toshkent: Akademnashr, 2018. – B.395.
[101] Quronov D. va boshqalar. Adabiyotshunoslik lug'ati. – Toshkent: Akademnashr, 2010. – B.221.

Egnida oq po'stin, boshida oq bo'rk.
Hatto qamchisining dastasi kumush.
Sayhonlik bag'rida haybatli otlar
Kunchiqish tarafga qarab oromda:
Olmos egarlari qamashtirar ko'z.[102]

She'r yakunida lirik subyekt qorli tongda mo'jiza ro'y berib, yigitlardek uzun, barvasta teraklar dunyoning qaysidir qismida parchalanib yotgan erkni qutqarib kelishiga ishonadi. Lirik asarning tub mohiyatida ozodlikni qo'msash, unga yetishish yo'lidagi istak tasvirlangan. Fikrimizcha, bu tuyg'uning mavsumiy peyzaj orqali ifodalanishida o'ziga xos ishora mavjud. Yuqoridagi she'r Qutlibeka Rahimboyevaning 1989-yildagi "Uyg'onish fasli" nomli to'plamidan joy olgan. Shoira nazdida, qishdan so'ng bahorning kirib kelishi, tabiatda kechadigan fusunkor o'zgarishlar o'sha yillarda go'yo hurriyatga ham aloqador bo'lgan.

Shoiraning makon-joy tabiati tasvirlangan she'rlarining aksariyati o'zi ulg'aygan qishloqqa bag'ishlangan. Ularning ba'zilarida bolalikni sog'inish hissi ustuvorlik qilsa, qolganlarida paxta

---

[102] Qutlibeka Rahimboyeva. Uyg'onish fasli: She'rlar, doston. – Toshkent:"Yosh gvardiya", 1989. – B.28.

ishini deb o'zini unutgan yaqinlari, dugonalariga achinish tuyg'usi seziladi:

Quchoq ochib chiqar daladan
Hozir mening o'rtoq qizlarim.
Gul bo'lishsa koshki ular ham
Nim pushti, oq bo'lsa yuzlari...
Gul bo'lishsa koshki ular ham![103]

Tavsifiylikning yana bir ko'rinishi voqeaband lirika bo'lib, kechinmani voqeaning ixcham tasviri asosida ifodalovchi janr hisoblanadi. Bu janrda ham voqea-hodisani tasvirlash ma'lum bir his-tuyg'uni aks ettirish vositasi bo'lib xizmat qiladi. Shuning uchun hodisalar to'liq tasvirlanmay, undagi ayrim detallargina olinadi.[104] "Kelinchak oromin sindiradi vaqt" deb boshlanuvchi she'rda yori urushga ketgan yosh kelinning o'ziga oro berish tugul, hatto tabiat go'zalligini to'yib tomosha qilishga ham vaqti yo'qligi, dala ishlaridan ortmasligi tong otishi bilan bog'liq qisqa voqealar fonida namoyon bo'lgan. Demak, bu she'rni tavsifiy-voqeaband lirika namunasi deyish mumkin:

---

[103] Rahimboyeva Q. Uzun kunduzlar. – Toshkent: Adabiyot va san'at, 1984. – B.22.
[104] Quronov D. va boshqalar. Adabiyotshunoslik lug'ati. – Toshkent: Akademnashr, 2010. – B.79.

Sog'inch bilan qarab qo'yib yoniga,
Turdi va bepardoz kiyindi zumda.
Yulduzli tun tamom ketib ulgurmay,
U sekin yo'l oldi uzun kunduzga... [105]

She'r davomida "urush" so'zi tilga olinmasada, uning zahmati yolg'iz kutib olingan tong orqali namoyon bo'lgan. Ayolning ayoldek bo'lib yashay olmaganidan lirik subyektning ko'ngli g'ashlangan. Bog' va atirgul tasvirlariga yosh kelinning dala va g'o'za haqidagi o'y-xayollari parallel qo'yilishi asarning ta'sir kuchini oshirgan.

Umuman olganda, adabiyot muammolariga tizimli yondashish masalaning to'g'ri yechim topishiga asos bo'ladi. Shu jihatdan, lirik asarlarni janrlarga tayanib o'rganish o'zini to'laqonli oqlaydi. Hozirgi o'zbek adabiyotidagi ayollar she'riyatida Qutlibeka Rahimboyeva ijodi tuyg'ularning o'ta samimiy ifodalanishi bilan alohida ajralib turadi. Kuzatganimizdek, shoira barcha janrlarda yuksak badiiyat bilan ijod qilgan. Uning she'rlaridagi janriy tabiat muqoyasa qilinganda, meditativ va tavsifiy lirika yetakchi

---

[105] Qutlibeka Rahimboyeva. Yuragimda ko'rganlarim. – Toshkent: Adabiyot va san'at, 1981. – B.25.

o'rinni egallaydi. Bu esa ijodkor qalbi va borliq hodisalari Qutlibeka uchun birlamchi vositalar ekanligi bilan belgilanadi. O'zgalar kechinmasidan ko'ra, o'z tuyg'ulariga ko'proq murojaat qilish, ularni bor bo'yi bilan ko'rsata bilish qobiliyati shoiraning o'ziga xos uslubini ham belgilaydi.

"BAHORNING BIR KUNI" SHE'RIDA TABIAT TASVIRI

Annotatsiya: Ushbu maqolada shoira Qutlibeka Rahimboyeva ijodidagi "Bahorning bir kuni" she'ri tahlilga tortilgan. She'rda tabiat manzarasining ahamiyati, badiiy-tasviriy vositalar, lirik "men" ichki kechinmalarining ramziy ifodasi xususida mulohazalar yuritilgan. Peyzaj lirikada tabiat orqali hayotning muhim qirralari namoyon bo'lishi ko'rsatib berilgan.

Kalit so'zlar: Peyzaj, ijodkor ruhiyati, lirik "men", obraz, poetik mazmun, ramz, badiiy-tasviriy vositalar.

Inson olamning bir bo'lagi sifatida borliqdagi jamiki hodisalarga befarq qaray olmaydi. Deylik, bahorda tabiatning yangilanishi, gullarning ochilishi, yozda quyoshning charaqlab turishi, kuzdagi xazon, qishdagi qor, umuman olganda, tabiatning bu kabi barcha hodisalari insonning tashqi ko'rinishigagina ta'sir etib qolmay, ichki olamida ham ma'lum evrilishlarni aks ettiradi. Shu jihati bilan, lirikada tabiat tasviri muhim ahamiyatga ega. Ijodkorning ruhiy olami, g'oyaviy-estetik maqsadi va poetik mazmun borliqdagi hodisalar vositasida yuzaga chiqadi. "Tabiat manzarasining obrazli fikrlash natijasida yaratilgan tasviri esa o'quvchida kuchli poetik assotsiatsiya uyg'otadi"[106].

She'riyatda tabiat bilan uzviy bog'langan asarlar peyzaj lirika deb nomlanuvchi turni tashkil qiladi. Peyzaj so'zi fransuz tilidan olingan bo'lib, "voqealar kechuvchi ochiq makon (yopiq makon – interyer) tasviri"[107] yoki umuman tabiat ko'rinishi ma'nosini anglatadi. O'zbek adabiyotshunosligida tabiat lirikasiga doir masalalar O.Sharafiddinov, I.G'afurov, S.Mamajonov, N.Rahimjonov, N.Karimov, H.Qayumov, I.Haqqulov, A.Erkinov,

---

[106] Farmonova M. 80-yillar o'zbek lirikasida tabiat va inson konsepsiyasi: Filol. fanlari nomz. disser. – Toshkent, 1992. – B.19.
[107] Quronov D. va b. Adabiyotshunoslik lug'ati. – Toshkent.: Akademnashr, 2013.

M.Sultonova, M.Ibrohimov, N.Shukurov, B.Akramov, M.Safarov, Y.Solijonov, B.Norboyev, A.A'zamov, N.Soliyev, M.Farmonova, N.Yo'ldoshev kabi ko'plab adabiyotshunoslar tomonidan o'rganilgan. Xususan, A.Erkinovning tadqiqotida Alisher Navoiy ijodida peyzajning o'rni tahlil etilgan bo'lsa, S.Mamajonov she'riyatda tabiatni insoniylashtirish masalasining psixologik asoslarini o'rgangan.

80-yillar o'zbek lirikasidagi tabiat va inson konsepsiyasi M.Farmonova tomonidan tadqiq etilgan. Ushbu dissertatsiyada poetik peyzaj bir necha prinsiplar asosida tip va turlarga bo'linib, tasnif qilingan. "Masalan, peyzajni xarakterlovchi zamon va makon belgisiga ko'ra poetik manzara ikkiga bo'linadi: a) mavsumiy peyzaj; b) makoniy peyzaj. Mavsumiy peyzaj ham o'z navbatida qishki, bahorgi, yozgi va kuzgi manzara kabi ichki semantik tiplarga bo'linadi. Makoniy peyzajning ham struktural semantik tiplari ko'p bo'lib, hozirgi o'zbek she'riyatida tog', cho'l, vodiy, daryo, dengiz, bog', ekinzor, gulzor, yaylov manzaralari kabi rang-barang ko'rinishlari qayd qilingan"[108].

Qutlibeka Rahimboyeva ijodidagi "Bahorning bir kuni" she'rini mavsumiy peyzajning go'zal namunasi deyish mumkin. Sakkiz bandlik she'rda, nomidan anglashilganidek, bahorning umumiy manzarasi emas, balki tanlab olingan, ya'ni "chaqmoq bulutlarni tilgan, yomg'ir ming shodali marvarid kabi to'kilgan" bir kuni tasvirlangan. She'r davomida tabiat sahnasi bandma-band ko'z oldimizda gavdalanaveradi: dastavval, erta tongda chaqmoq chaqadi (she'rda bu o'rinda "tong" so'zi ishlatilmagan bo'lsa-da, umumiy mazmundan shunday ma'no anglashiladi), yomg'ir marvaridday yerga to'kiladi, kechga yaqin yomg'ir ham tinadi, endi sabo esa boshlaydi, yerdagi o'tlar daraxt shoxlaridagi yomg'ir tomchilarini go'yoki saboga "beozorgina olib berish" uchun boshlarini egadi, quyosh bir qizaradi-yu yana ufqqa botadi, keyin qumrolrang[109] (ma'nosi: qizg'ish sariq, yorqin jigarrang; kashtanrang) osmon go'yo bo'm-bo'sh

---

[108] Farmonova M. 80-yillar o'zbek lirikasida tabiat va inson konsepsiyasi: Filol. fanlari nomz. disser. – Toshkent, 1992. – B.29-30.
[109] https://obastan.com/qumral/747619/

qolib, uning bag'rida uchgan qushlar yerga – yomg'ir hidi to'lgan bog'larga qaytadi. Qorong'i tushib, oy va yulduzlar osmonni to'ldiradi, ularning aksi tiniq anhorda jilolanadi. Oppoq bo'lib gullagan o'riklar oydan ham yorug' bo'lib turganligi uchun tunning ta'siri ularga sezilmaydi. Nihoyat, "Gullarga rang bergan" tong otadi. Tong otadi-yu, bahorning bir kunini ruhiy olami bilan his qilgan lirik "men" tabiatning go'zal yashashiga butun qalbi ila havas qiladi.

"Bahorning bir kuni" she'rida uchraydigan metaforalar (chaqmoqning bulutlarni tilishi, saboning sayrga chiqishi, o'tlarning egilishi, ufqning suyungandan qizarishi, anhorning oy va yulduzlar suvratini cho'ktirib yubormasligi, o'riklarning bog'ga tunni kiritmasligi, tongning ranglar ko'tarib kelishi va kunduzni yasatishi, gullarning tongdan bo'yoq olishi, tabiatning dono fuqarolari), sifatlashlar (qumrolrang osmon, kuchli qushchalar, oydan-da yorug'roq baland o'riklar, dono fuqarolar), qarshilantirishlar (tun – tong, ketdi – keldi, yorug'-zulmat), o'xshatish (yomg'ir marvarid kabi) kabi vositalar shoiraning badiiy mahorati namoyon bo'lishida, peyzaj asarning o'quvchi tafakkurida to'laqonli akslanishida muhim vazifa bajargan.

Qutlibeka ijodidagi ushbu she'rni faqat ko'rkam tabiatning so'z bilan chizilgan manzarasi, deb baholasak, poetik umumlashma qonuniyatiga zid ish tutgan bo'lamiz. Bu qonuniyat haqida adabiyotshunos S.Meliyev shunday deydi: "Har bir so'z ramziy ma'no kasb etadi hamda konkret shaxs – lirik qahramonning hissiy olamini tiklashda ishtirok etadi, ya'ni ular ikki jabhada ishlaydilar"[110]. "Bundan tashqari, peyzaj zimmasiga juda muhim ijtimoiy funksiya ham yuklanadiki, bu ijodkorga o'zi tasvirlayotgan tabiat manzarasini hayotimizning eng muhim muammolari bilan bog'lash imkonini beradi"[111]. Demak, biz she'rning tabiat bilan bog'liq manzarasini kuzatdik va shunday hissiy zavqni tuydik. Shoiraning yashirin kechinmalari, g'oyaviy maqsadi va haqiqiy poetik mazmunni bahorning bir kuni ostida yotgan ramziylikdan qidiramiz. She'rga "sinchkov o'qish" usuli bilan nazar solsak, unda tabiatdagi barcha narsalar – chaqmoq, bulut, yomg'ir, sabo, o'tlar, quyosh, ufq, oy, yulduzlar, anhor, o'riklar bir-biriga

---

[110] S.Meli. So'zu so'z: ("Adabiyot falsafasi"ga chizgilar...) – Toshkent: Sharq, 2017. – b.37.
[111] Farmonova M. 80-yillar o'zbek lirikasida tabiat va inson konsepsiyasi: Filol. fanlari nomz. disser. – Toshkent, 1992. – B.19-20.

yaxshilik qilayotganday, mehr ulashayotganday ko'rinadi. Bir so'z bilan aytganda, "insoniylik" qanday bo'lishini ko'rsatayotganday. She'r bandlariga e'tibor qaratamiz:

Chaqmoq bulutlarni tilib yubordi:
Yomg'ir ming shodali marvarid kabi
Yarqirab-yarqirab to'kildi[112].

Band boshida chaqmoq bulutlarni tilib yuboradi, bunda qanday yaxshilik bor, degan savol tug'ilishi tabiiy. Sababi, "tilmoq" so'zi "biror narsani uzunasiga kesish, yorish, qirqish" kabi ma'nolarni beradi va lirikada ko'proq salbiy harakatlarni ifodalash uchun qo'llaniladi. She'rda harakatning bajaruvchisi sifatida "chaqmoq" so'zi kelgan. Odatda, u "tilmoq" so'zi kabi salbiy bo'yoqqa ega tushuncha yoki ramzni ifodalaydi. Hayotda ham ushbu tabiat hodisasi nogahon vujudimizda qo'rquv uyg'otadi. Ammo masalaning boshqa tomoniga qarasak, yomg'ir zamin uzra yoyilib yerni bo'stonga aylantirishi uchun chaqmoq bulutlarga eng muhim yordamni bera oldi. Demak, uning bulutlarni tilishi yomonlik alomati emas, aksincha yaxshilikdir. Shunday bo'lmaganida yomg'ir yarqirab-yarqirab

---

[112] Qutlibeka Rahimboyeva. Uzun kunduzlar: She'rlar. – T.: Adabiyot va san'at nashriyoti, 1984. – B.6.

to'kilmasdi, balki alam bilan qaltirab-qaltirab to'kilishi mumkin edi. Bu uch ramziy birlikni quyidagicha ifodalash mumkin: bulut – boy, chaqmoq – uni saxovatga chorlovchi, yomg'ir – saxiylik.

...Keyin kechki sabo sayrga chiqdi:
Daraxtdan to'kilgan marvaridlarni
Olib bermoq uchun o'tlar egildi.

Adabiyotshunos I.Haqqulov sabo so'ziga ma'nodosh shamol obrazi haqida quyidagi fikrlarni yozgan: "Shamol faqat unsur emas, u – elchi. Tog'lar osha, daryolar osha, qit'alardan qit'alarga, vatanlardan vatanlarga u erkin kezib yuraveradi. Tinib-tinchimas bu sayyohga chegara yo'q. Ta'qib pisandmas. U umrida tobe bo'lganmas. Shamol ellar va yurtlar boshidan kechirgan va kechirayotgan hodisotlar shohidi, u – go'yo roviy. Shodliklardan so'zlaydi, qayg'ulardan bo'zlaydi"[113]. Xo'sh, nima uchun bu roviy hurmat-ehtiromga sazovor? Nega o'tlar daraxtdan to'kilgan marvaridlarni-da saboga olib bermoqchi bo'layotir? Axir u ko'pni ko'rgan, qanchadan qancha voqea-hodisalarga guvoh bo'lgan dono roviy. Shu sababli o'zi anglagan

---

[113] Haqqulov I. So'zlar ruh qanotlaridir. "O'zbekiston adabiyoti va san'ati", 1988-yil, 17-iyun.

hikmatlarni boshqalarga ham ulashishdan charchamaydi. Uning so'zlarida insonlikning bosh belgisi bo'lgan iymon, halollik, mehr, vafo kabi yuksak fazilatlar, jamiki haqiqatlar mujassam.

Quyosh bir qizarib, botdi qaytadan,
Uning tashrifidan suyungandanmi
Ufq birdaniga qizarib ketdi.

Uchinchi band quyoshning bir qizarib, yana qaytadan botishi tasviri bilan boshlangan. Tabiatning bu manzarasi turlicha ramziy ma'noga ega bo'lib, bir tomondan umrning o'tkinchi va g'animat ekanligini ifodalasa, yana boshqa tomondan insonning haddini ham bildiradi. Zero quyosh qanchalar yorug' va yagona bo'lmasin, tun yaqinligini bilgach tabiat qonunlariga ko'ra "osmonni bo'shatib qo'yish"ga majbur. Quyosh o'z haddini bilmasa, tabiat qonunlariga bo'ysinmasa, oqibatda muvozanat buzilib, butun borliq, shu jumladan, uning o'zi ham yo'q bo'lib ketishi mumkin. Band ufqning quyosh tashrifidan suyunib qizarib ketganligi tasviri bilan yakunlangan. Ufqni do'stlik, oqibat va qadr ramzi sifatida izohlash mumkin.

...Keyin bo'shab qoldi qumrolrang osmon.
Kuchli qushchalar ham sekin aylanib,

Yomg'ir hidi to'lgan bog'larga o'tdi.

She'rning bu qismida osmonning bo'shligi olamning muvozanatini, qushlarning yerga, bog'larga qaytishi esa o'zlikni, o'z yerini unutmaslikni hamda "oyog'i yerdan uzilganlar" qatorida bo'lmaslikni anglatadi.

Oy chiqdi, yulduzlar chiqdilar sekin.
Anhor to'lqiniga o'tqazib oqdi
Cho'ktirib yubormay ular suvratin.

Tabiatning ajib manzarasini namoyon qilgan bu obrazlarni ishonchni oqlash va omonatga xiyonat qilmaslik ramzi, deyish mumkin. Oy va yulduzlar o'z suratlarini tonggacha anhorga berib qo'ydilar. U suratlarni cho'ktirib yubormadi, ya'ni omonatga xiyonat qilmadi. Oltinchi band quyidagicha:

Oydan-da yorug'roq baland o'riklar
Tutib bir-birining sergul shoxini
Boqqa kirgizmadi tunning zulmatin.

Tunning zulmati – dushman. "O'riklar" dushmanni yengmoq uchun ahil, birdam bo'lishi kerak. Bu borada ular barchaga namuna bo'la oladi. Keyingi bandda ijodkor ruhiyati va tabiat uyg'unlashib, qutlug' bir tantanani yaratgan:

Tun ketdi, tong keldi ranglar ko'tarib,
Kunduzni yasatib yubordi behad

Tongdan bo'yoq olgan gullarning bari. Tunning ketishi – dushmanning mag'lubiyati, tongning ranglar ko'tarib kelishi – birdamlikning zafari, kunduzning behad yasatib yuborilgani va tongdan bo'yoq olgan gullar – ozodlik, hurriyat ifodasi. Lirik "men" baxtdan shu qadar quvonadiki, bunday yashashni "Ulug'vor" deya baholaydi:

Shunchalar ulug'vor, go'zal yashashni
Birovdan o'rganmay qanday bilarkin
Tabiatning dono fuqarolari...

Band so'ngida "men" quvonchi ichida turgan yirik dard oshkor bo'lib qoldi. Negaki, ijodkor anglagan insoniy tuyg'ular odamlar ichida emas, ular atrofida kechayotgan edi. Ijodkor "lirik men"i tabiatning hech kimdan o'rganmagan saxiylik, mehribonlik, hurmat, o'zlikni asrash, halollik, donolik, birdamlik kabi fazilatlariga havas va hayrat bilan qaraydi. Hatto bahorning mana shu bir kunidan o'zgacha kuch oladi, qalbida beqiyos zavqni tuyadi. Shu bilan birga, insonlarga xos bo'lgan, ular o'rgangan, bilgan yuksak xislatlarni odamlar orasida yo'qolib borayotganidan iztirob chekadi. Shoira bunday vaqtlarda jamiki insoniyatni tabiatdan o'rnak olishga chorlagisi keladi.

Qutlibeka Rahimboyeva ijodidagi "Bahorning bir kuni" she'ri tabiatning ko'rkam tasviri orqali ijodkor qalbi va ruhiyatidagi zavq, dard, havas, hayrat, istak,iztirob kabi yonma-yon tuyg'ularning sinkretik ifodasi hisoblanadi. Tabiat go'zalligidan zavqlanish hissi ramziy ma'noda chuqur dard qiyofasiga kiradi. Ushbu she'r insoniylikka, birdamlikka, butun xalq bo'lib yashashga, o'z yerini sevish va asrashga da'vatnomadir. Bu kabi peyzaj asarlar insoniyat ruhini uyg'otuvchi va ular hayotidagi asosiy qirralarni ko'rsatib beruvchi vosita sifatida har qaysi davr uchun dolzarb ahamiyat kasb etadi.

DO'MBIRANI DO'ST BILGAN BAXSHI
(Qahhor baxshi Rahimov bilan suhbat)

Dostonlar – xalq og'zaki ijodining bebaho mulki. Bu boylikning avloddan avlodga o'tib kelishida baxshilarning o'rni beqiyos. Ma'naviy mulkimizni asrab kelayotgan shunday insonlardan biri – 46 yildan beri ijod qilib kelayotgan, 60 dan ortiq an'anaviy xalq dostonlarini kuylagan va 10 ga yaqin zamonaviy dostonlar yaratgan O'zbekiston xalq baxshisi Qahhor Rahimov bilan Janubiy O'zbekiston dostonchiligi, ustoz-shogirdlik an'anasi, baxshichilik san'atining o'rni haqida suhbatlashdik.

– **Assalomu alaykum. Bilamizki, baxshichilik – eng murakkab san'at turlaridan biri. Ayniqsa, dostonlar sinkretik janr sifatida baxshilardan ijro mahorati, notiqlik, aktyorlik, badiiy o'qish kabi bir qancha vazifalarni talab etadi. Mazkur san'atning yetuk vakili, O'zbekiston xalq baxshisi sifatida bugungi kunda yurtimizda baxshichilik san'atining o'rni, darajasi va unga bo'lgan e'tibor xususida fikrlaringiz qanday?**

– Vaalaykum assalom. To'g'ri ta'rifladingiz. Haqiqatdan ham, baxshichilik eng murakkab va qadimiy san'at turlaridan biridir. Baxshilar hamda ularning san'ati qadimdan ardoqlanib kelingan. Yo'l ham tekis va ravon bo'lmaganidek, ma'lum davrlarda bu bebaho san'atga eskilik sarqiti deb ham qaraldi. Ammo Vatanimiz mustaqillikka erishgach, bunday qarashlarga barham berildi. Baxshichilik san'atini rivojlantirish va asrab-avaylash bilan bog'liq bir qancha hujjatlar qabul qilindi. "Alpomish" dostonining ming yilligi tantanali nishonlandi. Termiz shahrida Alpomish haykali o'rnatildi. Samarqandda baxshilarni xotirlash uchun yodgorlik majmualari qurildi.

Yana bir quvonarli jihati "O'zbekiston xalq baxshisi" unvoni ta'sis etildi. Bu unvon baxshilar ijodi uchun katta rag'bat bo'ldi, desam mubolag'a bo'lmaydi. Bugungi kunda esa baxshichilik san'ati mavqeyi yanada ko'kka ko'tarilmoqda. Termiz shahrida baxshichilik maktabining ochilishi, 100 tomlik "O'zbek xalq ijodi yodgorliklari" majmuasining nashr qilinishi, "Qoraqalpoq folklori" to'plamlarining ko'p tomda chop etilishi, musiqa va san'at maktablaridagi folklor sinflarining faoliyati buning yaqqol isbotidir.

Yurtboshimiz tashabbusi bilan 2019-yilda Respublika baxshichilik san'ati markazi hamda baxshichilik san'atini rivojlantirish jamg'armasi tashkil etildi. Shu yilning aprel oyida Termiz shahrida ilk marta Xalqaro baxshichilik san'ati festivali o'tkazildi. Har ikki yilda bir marta o'tkazilishi ko'zda tutilgan bu festival ikkinchi marta 2021-yilning sentabr oyida Nukus shahrida bo'lib o'tdi. Festivallarda biz baxshilar ijodimizni dunyoga namoyon qildik.

Yildan yilga baxshilar ijodiga qiziqish ortmoqda. Ilm ahli tomonidan baxshilar ijrosidagi asarlar yozib olinib, ilmiy jihatdan o'rganilmoqda va ommaga keng targ'ib qilinmoqda.Bu kabi yuksak e'tibordan ilhomlanib, biz ham yangi ijod va ijrolar yo'lida tinmay harakatdamiz. San'atimiz rivoji uchun bor kuch-g'ayratimizni sarflashga tayyormiz.

– Dostonlar ijrosida har bir hududning individual jihatlari ko'zga tashlanadi. Sizningcha, Janubiy O'zbekiston dostonchiligining o'ziga xos xususiyatlari nimalardan iborat?

– Baxshichilik san'atida har bir hududning o'ziga xos yo'nalishi bor, albatta. Ular bir-biridan ijro vositasi, ijro usuli va imkoniyati bilan farqlanadi. Janubiy O'zbekiston dostonchiligiga to'xtalsak, bu hudud vakillari ijroda, asosan, do'mbira cholg'u asbobidan foydalanadilar. Kuylaganda ham, ichki, bo'g'iq ovozda kuylaydilar. Dostonlar kitobni bir boshdan yodlab olib, kuylanmaydi.So'z ham, soz ham vaziyatdan kelib chiqib, bir-biriga bog'lanib kelaveradi.Shuning uchun ham, Janubiy O'zbekiston baxshilari ijodkor baxshilar hisoblanadi.

– Baxshichilikning rivojlanishida dostonchilik maktablarining ahamiyati katta. O'zbekistonning janubiy hududlarida qaysi dostonchilik maktablari shakllangan va ular

orasidan qaysilari hozir ham o'z faoliyatini davom ettirib kelmoqda?

– Janubiy hududlarda Sherobod, Boysun, Beshqo'ton, Chiroqchi, Qamay, Dehqonobod kabi bir qancha dostonchilik maktablari shakllangan bo'lib, ular bir-biridan repertuarlari, ijod tamoyillari bilan ajralib turgan. Masalan, Qamay dostonchilik maktabida dostonlarning lirik yo'nalishiga e'tibor berilgan. Chiroqchi maktabi kuylarning yoqimliligi, sho'xligi bilan farqlangan. Boysun, Beshqo'ton maktablari o'ziga xos poetik usullari bilan mashhur bo'lgan. Sherobod dostonchilik maktabi vakillari so'z, soz va ovoz uyg'unligiga alohida ahamiyat bergan. Bu maktabda kitobiylikka xos unsurlar uchrab, she'r ham, matn ham ravon ijro etilgan. Rahmatli otam Qodir baxshi tomonidan asos solingan Dehqonobod maktabi esa ijroda hech qanday chalkashlikka yo'l qo'ymasligi, she'riy matnlar qanday vazn bilan boshlansa, shunday holatda yakun topishi, mukammallikka va badiiylikka kuchli e'tibor berilishi, yozma adabiyotga har tomondan yaqinligi bilan e'tirofga ega. Afsuski, bu maktablarning ko'p qismi bugungi kunda o'z faoliyatini to'xtatgan. Ayni vaqtda, ustoz-shogirdlik an'analariga amal qilib, rivojlanib davom etib kelayotgan maktablar bu – Sherobod va Dehqonobod dostonchilik maktablaridir.

– **Nazarimda, Dehqonobod dostonchilik maktabi hali ilmiy jihatdan o'rganilmagan. To'g'rimi?**

– Ha, to'g'ri. Chunki bu maktab yuqorida sanab o'tilgan maktablar ichida "eng yoshi va navqironi". Ammo yaqin kelajakda Dehqonobod dostonchilik maktabi ham ilmiy tadqiq etilishiga ishonaman. Bu folklorshunoslar uchun yangi va yaxshi mavzu, deb o'ylayman.

– **Shu o'rinda o'zingiz ta'lim olgan dostonchilik maktabi xususida to'xtalsangiz.**

– Men Sherobod dostonchilik maktabi ta'limini olganman. Shu bilan birga, o'zimni Dehqonobod dostonchilik maktabi vakili deb ham ayta olaman. Sababi, rahmatli otam Qodir baxshi Sherobod maktabidan yetishib chiqib, bu maktabning rivojlanishi uchun xizmat qilgan ulug' baxshilardan edi. Bizga ustozlik qilgan padari buzrukvorim Sherobod dostonchiligi an'analarini davom ettiribgina qolmay, o'ziga xos ohangga ega bo'lgan yangi maktabni, ya'ni, Dehqonobod maktabini ham yarata olgan. Hozirgi kunda ijod qilayotgan shogirdlarim, farzandlarim, baxshichilik sir-asrorlarini o'rganayotgan nabiralarimni Qodir baxshi asos solgan maktab vakillari, desam xato bo'lmaydi.

– **An'anaviy ustoz-shogirdlik masalasi haqida gap ketganda, o'z-o'zidan suhbatimiz oilaviy shajarangizga bog'lanadi. Chunki siz baxshilar sulolasi vakilisiz. Shunday ekan, baxshichilik bilan shug'ullangan ajdodlaringiz va do'mbirani qo'ldan qo'ymay ustoz-shogirdlik an'anasini davom ettirib kelayotgan avlodlaringiz haqida suhbatlashsak.**

– Baxshichilik bizga ota-bobolarimizdan qolgan meros. Eshmurod shoir, Rajab shoir, Turdi shoir kabi ajdodlarimiz baxshi-shoirlar bo'lgan. Bobom Rahim ota va momom Norxol ona ham xalq orasida iste'dodli, so'zga chechan insonlar sifatida tanilgan. Otam Qodir baxshi esa o'z yo'li va yo'nalishiga ega yetuk baxshilardan edi. Qodir baxshining izdoshlari, ya'ni men, ukalarim Abdumurod, Bahodir va Baxrom baxshilar otamizning nurli yo'lini davom ettirdik. Bugungi kunda farzandlarimiz – Ilhom baxshi, Nuriddin va Bekjon baxshilar hamda nabiram Javohir baxshi ustoz-shogirdlik an'analariga amal qilib, baxshichilik yo'nalishida faoliyat yuritmoqda. Nabiram – baxshilar sulolasining yettinchi avlodi. Umid qilamanki, kelajakda yana necha-necha avlodlarimiz baxshichilik yoʻlidan borib, oʻlmas sanʼatimizni dunyoga tanitish uchun bel bogʻlaydilar.

– Folklorshunos olim, professor Jabbor Eshonqulovning maʼlumotlariga koʻra, "Ollonazar Olchinbek" dostonidagi ushbu obraz Janubiy Oʻzbekiston baxshilarining ustozi, piri sifatida talqin qilinadi va dostonning toʻrtta varianti orasidan eng yaxshisi siz ijro etgan variant hisoblanadi. Mazkur doston baxshichilik sanʼati bilan bevosita bogʻliq boʻlgani sababli, dostonni kuylash jarayonida koʻnglingizdan nimalar oʻtgan?

– Chindan ham, bu doston baxshilarning umumiy qiyofasi, hayot yoʻli, ustoz-shogirdlik munosabatlarini oʻzida jamlagan baxshi haqidagi dostondir. Ushbu doston baxshilar repertuarida koʻp ijro etilmagan. Buning asosiy sababi, dostonning fojeali yakun topganligi hisoblanadi. Dostonni kuylash chogʻida koʻzga yosh olgan vaqtlarim ham boʻlgan. "Ollonazar Olchinbek" dostonida baxshilarning insoniyligi, sadoqati bor. Bu dostonda rahmatli otam bor. Dostonni kuylaganda, koʻz oldimda otam gavdalanaveradi.

Chunki, padari buzrukvorim Qodir baxshi ham Ollonazar Olchinbek kabi fojeali vafot etgan.

– Kelgusida qaysi dostonni ijro etishni niyat qilgansiz?

– Erk va ozodlik, Vatanimizning go'zalligi, tinchlik-osoyishtalik, xalqimiz uchun yaratilayotgan imkoniyatlardan ilhomlanib, yurtning baxtiyor kuychisi, do'mbirani do'st bilgan baxshisi sifatida "Istiqlol" nomli yangi zamonaviy doston kuylashni niyat qilganman.

– Baxshichilik yo'lini tanlagan shogirdlaringizga, yoshlarga, eng avvalo, nimalarni maslahat berasiz?

– Hozirgi kunda o'ttizdan ortiq shogirdlarim bor. Shogirdlarimga hamda baxshi bo'laman, degan yoshlarga, birinchi navbatda, suhbat orasida so'zlab o'tganimiz "Ollonazar Olchinbek" dostonini qayta-qayta o'rganib va uqib olishlarini maslahat berardim. Shundagina ular baxshichilikning asl mohiyatini anglaydilar. Sababi, bu doston baxshilarning mashaqqatli yo'li, ustoz-shogirdlik munosabatlari, Haq yo'lidan adashmaslik, non-tuzga xiyonat qilmaslik kabi baxshilar bilishi kerak bo'lgan va ularga xos yuksak fazilatlar juda ta'sirli ifodalangan go'zal dostondir.

– Samimiy suhbatingiz uchun tashakkur! Xalqning bebaho mulki bo'lgan dostonlarni avlodlardan avlodlarga yetkazishdek mashaqqatli mehnat yo'lida hech qachon hormang-tolmang, deymiz!

– Sog' bo'ling! Ilmiy faoliyatingizga zafarlar tilayman!

(Suhbat 2022-yil 19-mart kuni yozib olindi)

FOYDALANILGAN ADABIYOTLAR

Ilmiy adabiyotlar

1. Alisher Navoiy asarlari tilining izohli lug'ati. To'rt tomlik. III tom. A.S.Pushkin nomidagi til va adabiyot instituti Abu Rayhon Beruniy nomidagi sharqshunoslik instituti. – Toshkent, 1984.
2. Atoulloh Husayniy. Badoyi'u – s – sanoyi: (Aruz vazni va badiiy vositalar haqida) Fors. A. Rustamov tarj. – T.: Adabiyot va san'at nashriyoti, 1981. – 400 b.
3. Adabiyot nazariyasi. Ikki tomlik. 2-tom (Adabiy-tarixiy jarayon). – Toshkent: Fan, 1979. – 267 b.
4. Abdurauf Fitrat. Tanlangan asarlar. IV jild. – T.: Ma'naviyat, 2006. – 336 b.
5. Boboyev, T. Adabiyotshunoslik asoslari. – T.: O'zbekiston, 2001. – 560 b.
6. Eshonqulov J. Folklor: obraz va talqin. – Qarshi: Nasaf, 1999.
7. Eshonqulov J. Mif va badiiy tafakkur. – T.: Fan, 2019.

8. Haqqulov I. So'zlar ruh qanotlaridir. "O'zbekiston adabiyoti va san'ati", 1988-yil, 17-iyun.
9. Jabborov N. Zamon. Mezon. She'riyat. – T.: G'afur G'ulom nomidagi NMIU, 2015. – 304 b.
10. Jo'raqulov U. Mezonlar mezoni. http://e-adabiyot.uz/adabiyotshunoslik/tanqidchilik/810-maqola.html.
11. Karimov B. Ruhiyat alifbosi. – T.:G'afur G'ulom nomidagi NMIU, 2018. – 364 b.
12. Mallayev N.A. Navoiy va xalq ijodiyoti. – T.: G'afur G'ulom nomidagi adabiyot va san'at nashriyoti, 1974. – 384 b.
13. Madayev O. O'zbek xalq og'zaki ijodi. – T.: Mumtoz so'z, 2010.
14. Mirzayev T. / Dostonlar / O'zbek xalq og'zaki poetik ijodi. – T.: O'qituvchi, 1990.
15. Ochilov N. Baxshichilik san'ati va epik repertuar. – Toshkent: Fan, 2020.
16. Quronov D. Adabiyot nazariyasi asoslari. – T.: Akademnashr, 2018. – 480 b.
17. Quronov D. va boshqalar. Adabiyotshunoslik lug'ati. – T.: Akademnashr, 2013.

18. Sarimsoqov B. Folklorizmlar tipologiyasiga doir // O'zbek tili va adabiyoti. – 1980. – №4. – B. 37-45.
19. Suvon Meli. So'zu so'z: ("Adabiyot falsafasi"ga chizgilar…) – Toshkent: Sharq, 2017.
20. Turdimov Sh. "Go'ro'g'li" dostonining genezisi va tadrijiy bosqichlari. – T.: Fan, 2011. – 240 b.
21. Ulug'ov A. Adabiyotshunoslik nazariyasi. – T.: G'afur G'ulom nomidagi nashriyot-matbaa ijodiy uyi, 2018.
22. Umurov H. Adabiyotshunoslik nazariyasi. – T.: A.Qodiriy nomidagi xalq merosi nashriyoti, 2004.
23. O'zbek tilining izohli lug'ati. Ikkinchi jild. A. Madvaliyev tahriri ostida. – T.: "O'zbekiston milliy ensiklopediyasi", 2006.
24. Sharafiddinov O. Talant – xalq mulki. – T., Yosh gvardiya, 1979.
25. Жирмунский В. М., Зарифов Ҳ. Т. Узбекский народний героический эпос. М., 1947;
26. Зарифов Ҳ. Ўзбек халқ достонларининг тарихий асослари бўйича текширишлар // Пўлкан шоир. Ўзбек халқ ижоди бўйича тадқиқотлар. 4-китоб. – Тошкент: Фан, 1976.

Dissertatsiya va avtoreferatlar

27. Ashurova G.N. Abdulla Oripov she'riyatida an'ana va badiiy mahorat (obraz, g'oya va tasvir): Filol. fan. nomz. disser. – Toshkent, 2008. – 154 b.
28. Eshonqulov J.S. O'zbek folklorida dev obrazining mifologik asoslari va badiiy talqini: Filol. fanlari nomz. disser. – Toshkent, 1996. – 158 b.
29. Fayzulloyev B.B. O'zbek she'riyatida tatabbu tarixi va mahorat masalalari (XVII-XIX asrlar va XX asr boshlari g'azalchiligi asosida): Filol. Fanlari nomz. disser. – Toshkent, 2002.
30. Farmonova M. 80-yillar o'zbek lirikasida tabiat va inson konsepsiyasi: Filol. fanlari nomz. disser. – Toshkent, 1992.
31. Karimov O.Y. Abdulla Oripov she'riyatida metaforik obrazlar tizimi: Filol. fanlari nomz. disser. – Toshkent, 2012. – 140 b.
32. Tojiboyeva M.A. Jadid adiblari ijodida mumtoz adabiyot an'analari: Filol. fanlari doktori (DSc) disser. Toshkent, 2017.

33. Yo'ldoshev N. Cho'lpon she'riyatida peyzaj: Filol. fanlari nomz. disser. – Toshkent, 1994.
34. Sharipova L. XX asrning 70-80-yillari o'zbek she'riyatida folklorizm: Filol fanlari nomzodi...diss. avtoref. – Toshkent, 2008.
35. Sharipova L. XX asrning ikkinchi yarmi o'zbek she'riyati badiiy taraqqiyotida folklor: Filol. fanlari doktori (DSc) disser. – Buxoro, 2019.

Badiiy adabiyotlar

36. Alisher Navoiy. Qaro ko'zim. – T.: Adabiyot va san'at nashriyoti, 1988.
37. Alpomish / Aytuvchi: Fozil Yo'ldosh o'g'li / Nashrga tayyorlovchi: Hodi Zarifov va To'ra Mirzayev. – T.: Sharq, 1998.
38. Alpomish. Doston. Aytuvchilar: Umir baxshi Safarov, Mardonaqul Avliyoqul o'g'li. – T.: Fan, 2018. – 368 b.
39. Abdulla Qodiriy. "O'tkan kunlar". Roman. – Toshkent: Sharq, 2018.
40. Abdulhamid Cho'lpon. Go'zal Turkiston. She'rlar. – Toshkent, "Ma'naviyat", 1997.

41. Asqad Muxtor. Nashrga tayyorlovchi Ikrom Iskandar. – Toshkent: Akademnashr, 2020.
42. Bobir. Tanlangan asarlar. – Toshkent, 1958.
43. Ferdinand Dyushen. "Tamilla". Roman. – Toshkent: Sharq, 1993.
44. Mirtemir. Yodgorlik: She'rlar. – T.: Adabiyot va san'at nashriyoti, 1978.
45. Malla savdogar. Doston. Aytuvchi: Qahhor baxshi Rahimov. Yozib oluvchi: A. Ergashev.
46. Ochilov E. Sochining savdosi tushti. – Toshkent, Sharq, NMAK, 2007.
47. Qutlibeka Rahimboyeva. Yuragimda ko'rganlarim: She'rlar. – T.: Adabiyot va san'at nashriyoti, 1981. – 48 b.
48. Qutlibeka Rahimboyeva. Uzun kunduzlar: She'rlar. – T.: Adabiyot va san'at nashriyoti, 1984. – 52 b.
49. Qutlibeka Rahimboyeva. Uyg'onish fasli: She'rlar, doston. – T.: Yosh gvardiya, 1989. – 72 b.
50. Qutlibeka. Ozodlik: She'rlar. – T.: Yozuvchi, 1997. – 72 b.
51. Qutlibeka. Ko'ksimdagi Tangritog'. – T.: Sharq, 2002. – 64 b.
52. Qutlibeka. Qorako'zlarim: she'rlar, tarjimalar. – T.: Adib, 2012. – 168 b.

53. Qutlibeka Rahimboyeva. Saylanma. – Toshkent, 2023. – 236 b.
54. Sa'dulla Hakim. Ko'ngil yuzi: She'rlar. – T.: "Sharq", 2006.
55. O'zbek xalq ertaklari. – T.: O'qituvchi, 1991. – 255 b.

Internet saytlari

56. www.ziyouz.com kutubxonasi.
57. https://obastan.com/qumral/747619/
58. http://e-adabiyot.uz/adabiyotshunoslik/tanqidchilik/810-maqola.html.

MUNDARIJA

1. Qutlibeka Rahimboyeva she'riyatining mavzu ko'lami …4
2. "O'tkan kunlar" va "Tamilla" asarlarining qiyosiy tahlili …16
3. Qutlibeka Rahimboyevaning nazira bog'lash mahorati …22
4. Janubiy O'zbekiston dostonchilik san'atining o'ziga xos xususiyatlari …33
5. Qutlibeka Rahimboyeva she'riyatida folklor unsurlari …40
6. "Malla Savdogar" dostonida obrazlar talqini …50
7. Qutlibeka Rahimboyeva she'riyatida ayol ruhiyatining metaforik talqini …61
8. "Qishning oxirlari" dostonida folklorizmlar …73
9. Qutlibeka Rahimboyeva she'riyatining janr tabiati …90
10. "Bahorning bir kuni" she'rida tabiat tasviri …104
11. Do'mbirani do'st bilgan baxshi (Suhbat) …115
12. Foydalanilgan adabiyotlar …125

www.ingramcontent.com/pod-product-compliance
Lightning Source LLC
LaVergne TN
LVHW020441070526
838199LV00063B/4810